통합지식 100 세계 유적지

통합지식 100 세계 유적지

초판 1쇄 인쇄 2015년 9월 7일
초판 1쇄 발행 2015년 9월 15일

글쓴이 지호진 | **그린이** 정인성

발행인 양원석
편집장 전혜원 | **기획 편집** 홍혜미 | **디자인** 신지아
마케팅 이영인, 양근모, 윤면규, 김민수, 장현기, 정미진, 이선미
해외 저작권 황지현, 지소연 | **제작** 문태일

펴낸곳 (주)알에이치코리아
주소 153-802 서울시 금천구 가산디지털2로 53, 20층(한라시그마밸리)
문의 02-6443-8924(내용), 02-6443-8838(구입), 02-6443-8962(팩스)
등록번호 제 2-3726호(2004년 1월 15일 등록) | **홈페이지** www.jrrhk.com

ⓒ 지호진·정인성, 2015

ISBN 978-89-255-5637-6 (74900)
ISBN 978-89-255-5469-3 (세트)

※ 값은 뒤표지에 있습니다.
※ 맞춤법과 띄어쓰기는 국립국어원의 기준에 따릅니다.
※ 잘못된 책은 구입하신 곳에서 바꾸어 드립니다.
⚠ 책 모서리가 날카로워 다칠 수 있으니 사람을 향해 던지거나 떨어뜨리지 마십시오.

알에이치코리아 홈페이지와 카페, SNS로 들어오시면 자사 도서에 대한 더 많은 정보와 다양한 이벤트 혜택을 확인할 수 있습니다.
주니어RHK 홈페이지 http://jrrhk.com | 북카페 http://cafe.naver.com/randomhousekorea
페이스북 https://www.facebook.com/rhk.co.kr | 트위터 @randomhouse_kr | 유튜브 http://www.youtube.com/randomhousekorea

통합지식 100 세계 유적지

지호진 글 · 정인성 그림

주니어 RHK

시리즈 소개 및 활용

<통합 지식 100> 시리즈는 주제, 활동 중심의 통합 교과를 지향하는 초등 교과서 개정 흐름에 맞추어 기획된 시리즈입니다. 교육 과정이 바뀌어도 빠지지 않고 등장하는 인물, 명화, 고전, 유적 등의 주제를 선정해 주제별로 100가지를 선별했습니다. 여러 교과에 흩어져 있는 다양한 지식과 정보를 아울러 이해를 돕는 디자인과 그림, 사진으로 정리해 통합 교과 대비에 탁월한 시리즈입니다.

<통합 지식 100> 시리즈의 세 번째 책인 《통합 지식 100 세계 유적지》는 역사적으로 중요한 역할을 하고, 그 가치를 되새겨 볼 만한 유적지 100곳을 선정했습니다. 특히 가치를 인정받아 유네스코 세계 문화유산으로 지정된 유적지들을 중심으로 다루었으며, 또한 교과서에서 자주 언급되는 유적지도 빼놓지 않아 학습에 도움이 됩니다.

역사적인 흐름을 함께 파악할 수 있도록 유적지가 만들어진 시기 또는 유적지와 관련된 중요한 역사적 사건의 순서대로 정리했으며, 동양이나 서양 등 특정 문화에 치우치지 않도록 다양하고 풍부하게 구성했습니다. 아시아, 아메리카, 아프리카, 오세아니아, 유럽 등 여러 대륙의 유적지를 골고루 담아, 전 세계의 역사와 문화의 특징과 연관된 지식을 함께 익힐 수 있습니다.

《통합 지식 100 세계 유적지》는 선정한 100곳의 유적지뿐 아니라, 이와 연관되거나 공통점이 있는 유적지도 함께 다루어 실제로는 거의 대부분의 전 세계 유적지에 대한 정보가 집약되어 있는 책입니다. 이 책의 맨 뒤에 실려 있는 '세계 유적 지도'는 전 세계에 분포되어 있는 유적지의 위치를 한눈에 파악할 수 있게 하고, '세계사 유적지 연표'는 세계 곳곳에서 일어났던 크고 작은 사건들과 세계사의 큰 흐름을 유적지와 연관지어 더 잘 이해할 수 있도록 돕습니다.

이 책의 활용

유적지들의 주요 사건과 건축물들의 제작 시기를 역사의 흐름에 따라 배치했어요.
연표를 통해 세계 유적지와 세계사의 흐름을 파악할 수 있어요.

세계 유적 지도를 통해 각 대륙별 유적지를 한눈에 살펴볼 수 있어요.

유적지의 이름과 해당 유적지의 나라 이름을 한눈에 들어오도록 구성했어요.

실제 사진과 재미있는 그림을 함께 구성해 유적지의 모습을 생생하게 느낄 수 있어요.

시간의 흐름에 따라 정보를 익혀야 하는 페이지는 왼쪽부터 순서대로 연결하여 배열했어요.

더 깊이 있게 다룰 만한 정보나 다른 유적지에 대한 정보, 관련 교과는 따로 정리했어요.

일러두기

1. 맞춤법과 띄어쓰기는 국립국어원의 기준에 따랐습니다.
2. 배열 순서는 유적지가 만들어진 시기 또는 중요한 역사적 사건을 기준으로 했습니다.
3. 찾아보기에서 유적지를 쉽게 찾을 수 있도록 가나다 순으로 정리해 놓았습니다.

차례

시리즈 소개 및 활용 • 04

001 구석기 시대의 미술관 **알타미라 동굴 벽화** • 10
002 호수 위에 지은 집 **선사 시대 호상 가옥** • 12
003 알파벳이 시작된 곳 **비블로스** • 14
004 신화가 아니라 진짜였어! **트로이 고고 유적** • 16
005 역사 속에 묻혀 있던 고대 도시 **아수르** • 18
006 아폴론이 태어난 작은 섬 **델로스 섬** • 20
007 세계에서 가장 오래된 도시 **다마스쿠스** • 22
008 인더스 문명의 중심지 **모헨조다로** • 24
009 수상한 돌기둥 **스톤헨지** • 26
010 어떻게 쌓은 걸까? **기자 피라미드** • 28
011 한번 들어가면 빠져나올 수 없는 미궁 **크노소스 궁전** • 30
012 이집트 왕국의 보물을 지켜라! **아부심벨 신전** • 32
013 고대 그리스 인들의 축제 현장 **올림피아 고고 유적** • 34
014 다양한 종교인들의 성지 **예루살렘과 통곡의 벽** • 36
015 석가모니가 태어난 곳 **룸비니** • 38
016 지중해의 원래 주인은 나야! **카르타고 고고 유적** • 40
017 바위 속에 숨겨져 있던 도시 **페트라** • 42
018 페르시아 제국의 흔적을 찾아서 **페르세폴리스** • 44
019 신들의 언덕 **아테네 아크로폴리스** • 46
020 번쩍번쩍 빛나는 황금 사원 **담불라 황금 사원** • 48
021 세계에서 가장 긴 성벽 **만리장성** • 50

022 이슬람 문명을 간직한 도시 **사나** • 52
023 하늘 위에서만 볼 수 있어 **나스카와 후마나 평원** • 54
024 여기가 로마야? 그리스야? **하트라** • 56
025 고대의 여러 문명이 마주치다 **팔미라 유적** • 58
026 불교 예술의 보물 창고 **아잔타 석굴** • 60
027 2000년 전 사람들의 벼 농사법 **코르딜레라스 계단식 논** • 62
028 무시무시한 자연재해의 역사 **폼페이** • 64
029 로마 인들의 오락 극장 **콜로세움** • 66
030 승리의 기쁨이 두 배가 되는 **로마 티투스 개선문** • 68
031 신의 도시 **테오티우아칸** • 70
032 마야 문명의 흔적을 찾아서 **코판 마야 유적** • 72
033 외계인이 만들었을까? **라파누이 국립 공원** • 74
034 1000년에 걸쳐 지어졌어 **둔황 석굴** • 76
035 아기 예수가 태어난 곳 **베들레헴 예수 탄생 교회** • 78
036 동양과 서양이 만나는 곳 **이스탄불 역사 지구** • 80
037 일본의 국보급 보물이 가득! **호류 사** • 82
038 아름다운 건축물을 만날 수 있는 **교토 역사 기념물** • 84
039 100만 개의 돌덩이로 쌓아 올린 **보로부두르** • 86
040 이 길을 걸으며 야고보를 기억해 **산티아고 데 콤포스텔라** • 88

041 아프리카에 이슬람 도시가? **페스 메디나** • 90
042 힌두교의 3대 신과 함께해 **프람바난** • 92
043 신비로운 마야 문명을 찾아라! **치첸이트사** • 94
044 땅과 하늘 사이에 떠 있는 **몽생미셸** • 96
045 중세 1000년의 역사 **프라하 역사 지구** • 98
046 여자들은 못 가! **아토스 산** • 100
047 왕과 여왕이 탄생하는 그곳 **웨스트민스터 궁전** • 102
048 변신의 귀재 **런던 탑** • 104
049 왕들의 무덤이자, 신을 위한 사원 **앙코르 와트** • 106

050 신들의 도시 **카트만두 계곡** • 108

051 하늘에 있는 신에게 닿고 싶어! **노트르담 대성당** • 110

052 동굴 속 수도원 **이바노보 암굴 성당군** • 112

053 이렇게 아름다운 궁전을 허물 순 없지 **그라나다** • 114

054 갈릴레이의 실험실 **피사 두오모 광장** • 116

055 아드리아 해의 진주를 지켜야 해! **두브로브니크** • 118

056 아유타야 왕국의 흔적을 만나는 **아유타야 역사 도시** • 120

057 황금 불상의 도시 **루앙프라방** • 122

058 아찔한 절벽 마을 **반디아가라 절벽** • 124

059 테트리스할 때 본 적 있어 **크렘린 궁전과 붉은 광장** • 126

060 박물관 도시 **사마르칸트** • 128

061 스와힐리 문명의 요람 **라무** • 130

062 세상에서 가장 큰 궁궐 **자금성** • 132

063 정글 속에 묻혀 있던 도시 **바게르하트** • 134

064 세계의 배꼽 **쿠스코** • 136

065 수수께끼의 공중 도시 **마추픽추** • 138

066 노예 무역의 아픈 역사가 숨 쉬는 **고레 섬** • 140

067 세계에서 가장 작은 나라 **바티칸 시국** • 142

068 르네상스 미술의 대표 작품 **산타마리아 델레 그라치에 성당** • 144

069 유럽의 골동품 **룩셈부르크 중세 요새 도시** • 146

070 대항해 시대의 역사 **벨렘 탑** • 148

071 혁명의 도시 **아바나** • 150

072 무굴 제국의 역사와 영광 **아그라 요새** • 152

073 백로를 닮은 성 **히메지 성** • 154

074 대상들의 휴게소 **이찬 칼라** • 156

075 여기가 프랑스가 아니라고? **퀘벡 역사 지구** • 158

076 세상의 절반 이스파한 **이맘 광장** • 160

077 궁전보다 화려하고, 보석보다 아름다운 **타지마할** • 162

078 세계에서 가장 높은 궁전 **포탈라 궁** • 164
079 넬슨 만델라가 갇혔던 곳 **로벤 섬** • 166
080 나의 궁전이 가장 멋져야 해! **베르사유 궁전** • 168
081 프랑스의 역사와 문화가 흐르는 **센 강** • 170
082 세계에서 가장 아름다운 광장 **그랑플라스** • 172
083 바람의 힘으로 홍수를 막았어! **킨더다이크 풍차 마을** • 174
084 미국 자유의 탄생 **미국 독립 기념관** • 176
085 영국 산업 혁명의 뿌리 **아이언브리지 계곡** • 178
086 죄인들만 갇혔던 건 아니야 **오스트레일리아 교도소 유적** • 180
087 똑딱똑딱 시계 도시 **라 쇼드퐁·르 로클** • 182
088 위대한 에덴 **신트라** • 184
089 베트남 마지막 왕조의 도시 **후에** • 186
090 세계 3대 아름다운 항구 **리우데자네이루** • 188
091 꼬불꼬불 험한 산길을 연결하는 **젬머링 철도** • 190
092 자유의 나라 미국의 상징 **자유의 여신상** • 192
093 신이시여, 이 땅에 불을 보내 주세요! **통가리로 국립 공원** • 194
094 멋진 작품일까? 흉한 고철 덩어리일까? **에펠 탑** • 196
095 천재 건축가가 만든 동화 속 나라 **구엘 공원** • 198
096 커피 하면 콜롬비아! **콜롬비아 커피 농장** • 200
097 신발 공장이 세계 문화유산? **파구스 공장** • 202
098 끔찍한 대학살이 일어났던 **아우슈비츠 강제 수용소** • 204
099 부끄러운 역사를 잊지 않기 위해 **히로시마 평화 기념 공원** • 206
100 잘라 놓은 오렌지 모양의 항구 **시드니 오페라 하우스** • 208

[부록 1] 세계 유적 지도 • 210

[부록 2] 세계사 유적지 연표 • 212

찾아보기 • 220

사진 자료 출처와 소장처 • 222

구석기 시대의 미술관
알타미라 동굴 벽화

에스파냐

세계에서 가장 오래된 미술 작품

1879년 여름, 에스파냐의 마르셀리노 사우투올라라는 남자가 어린 딸 마리아와 함께 동굴에서 무언가를 발견했어요. "아빠, 여기 멋진 그림이 그려져 있어요." 마리아가 발견한 것은 동굴 천장에 그려진 벽화였어요. 들소, 사슴, 말 등 여러 동물들이 살아서 뛰어다니는 듯 선명했지요. 그 그림은 선사 시대 사람들이 그린 것이었어요. 인류 역사상 가장 오래된 미술 작품, 알타미라 동굴 벽화예요. 알타미라 동굴 벽화는 1985년 유네스코 세계 문화유산에 등재되었답니다.

동굴에 그림을 그린 이유는 무엇일까?

선사 시대 사람들은 왜 동굴에 그림을 그렸을까요? 어쩌면 동물을 사냥하고 싶은 바람을 그림으로 표현한 것일지도 몰라요. 사냥은 식량을 얻을 수 있는 가장 중요한 수단이었으니까요. 사냥하고 싶은 동물을 그리고 주문을 걸거나 제사를 지내지 않았을까요? "사냥의 신이시여, 들소가 잡히게 해 주소서!"

고고학자들이 본 알타미라 동굴 벽화

고고학자들은 알타미라 동굴에 그림이 그려진 때를 기원전 1만 8000년~1만 3000년 무렵으로 짐작해요. 이 시기에 인류의 문화가 싹트기 시작했다고 추측하지요. 서유럽에서 싹튼 원시 문화를 '마들렌 문화'라고 부른답니다.

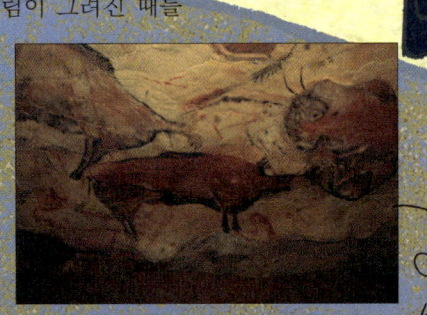

알타미라 벽화의 그림 복제본.

미술 평론가들이 본 알타미라 동굴 벽화

미술 평론가들은 알타미라 동굴 벽화를 훌륭한 미술 작품이라고 평가해요. 묘사가 생생하고 입체감이 뛰어날 뿐만 아니라 색도 아름답기 때문이지요. 진한 갈색과 밝은 갈색, 노랑, 검정 등 여러 색을 사용했고, 한 번에 그린 것이 아니라 여러 번에 걸쳐 다른 색을 덧칠하기도 했어요.

벽화를 현대적으로 해석해 그린 그림.

애니메이션의 기원, 다리가 8개 달린 멧돼지 그림

알타미라 동굴 벽화에는 다리가 8개인 멧돼지도 그려져 있어요. 선사 시대에는 다리가 8개 달린 멧돼지도 살았었냐고요? 아니에요. 8개의 다리는 달리는 멧돼지의 움직임을 표현한 것이에요. 애니메이션에서 빨리 달리는 사람을 표현할 때 다리를 두 개가 아니라 여러 개로 그리는 것처럼 말이에요. 그래서 어떤 사람들은 알타미라 동굴에 그려진 이 그림을 애니메이션의 기원으로 보기도 한답니다.

| 연관 검색 | 소년들이 발견한 라스코 동굴의 벽화 |

1940년 프랑스의 도르도뉴 지방에서는 소년들이 동굴 벽화를 발견했어요. 고고학자가 그 동굴을 찾아가 조사한 결과 동굴의 벽화는 800점이 넘고, 알타미라 동굴처럼 선사 시대 사람들이 그린 그림이라는 결과를 내놓았어요. 이 동굴은 라스코 언덕에서 발견한 동굴이라고 하여 '라스코 동굴'이라 부른답니다.

▲ 라스코 동굴 벽화.

호수 위에 지은 집
선사 시대 호상 가옥

오스트리아 · 프랑스 · 독일 · 이탈리아 · 슬로베니아 · 스위스

희고 높은 산, 알프스

알프스는 유럽 중남부에 있는 산맥으로 오스트리아, 프랑스, 독일, 이탈리아, 슬로베니아, 스위스의 일부에 걸쳐 있어요. 알프스는 독일어로 알펜, 프랑스 어로는 알프, 이탈리아 어로는 알피라고 하며, '희고 높은 산'이라는 뜻이에요.

알프스 산맥.

호수 위에 지은 집

알프스 주변에는 선사 시대 때 지은 집들이 있어요. 그것도 호수 위에 지은 집들이 말이에요. 이렇게 호수 위에 지은 집을 호상 가옥이라고 부르는데, 물 속에 기둥을 세워 집을 수면 위로 떠받치도록 만든 집이지요. 유럽의 900여 개의 호상 가옥 중에 111개의 유적이 유네스코 세계 문화유산에 등재되어 있어요.

호수 위에 지어진 호상 가옥.

선사 시대 사람들의 삶을 엿보다

알프스 주변에 지어진 호상 가옥은 기원전 5000년경부터 기원전 500년경까지 호수 안과 호숫가, 강변, 습지 등에 세워진 선사 시대의 유적이에요. 신석기 및 청동기 시대 사람들의 생활을 짐작할 수 있어요.

스위스 취리히의 호상 가옥을 그린 그림.

물 위에 집을 지은 까닭은?

① 물고기를 잡고, 이동하기 편리해요.
② 교통이 편리해 교역을 하기에 좋아요.
③ 해충을 막을 수 있고, 무더위도 피할 수 있어요.
④ 강의 범람이나 홍수를 피할 수 있어요.

6개 나라가 공동으로
유네스코 세계 문화유산에 등록하다

알프스 주변의 선사 시대 호상 가옥은 알프스 주변에 있는 6개 나라가 공동으로 유네스코 세계 문화유산에 등재했어요. 그 여섯 나라는 오스트리아, 프랑스, 독일, 이탈리아, 슬로베니아, 스위스예요. 그리고 등재된 111개 유적 가운데 56개의 호상 가옥이 스위스에 있답니다.

연관 검색 | 나무 위에 지은 수상 가옥

들짐승이나 적으로부터 자신을 지키기 위하여 나무 위에 지은 집도 있어요. 수상 가옥(樹上家屋)이라고 해요. 인도나 뉴기니 등의 산림 지대에서 볼 수 있어요.

알파벳이 시작된 곳
비블로스 레바논

지중해 무역의 중심지, 페니키아
페니키아의 도시들은 지중해 연안에 위치해 있어서 바다를 통해 도시 곳곳을 누비며 무역을 했어요. 페니키아 인들은 주로 건축에 쓰이는 백향목이나 미라를 만드는 데 쓰이는 삼목 기름을 이집트에 수출했어요. 그리고 이집트에서 생산하는 파피루스를 사들여 그리스 등 유럽 지역에 팔았지요.

페니키아의 중심 도시, 비블로스
비블로스는 레바논의 수도 베이루트에서 북쪽으로 40킬로미터 떨어진 곳에 위치한 항구 도시예요. 페니키아의 중심 도시였지요. 비블로스라는 도시 이름은 '파피루스'를 뜻하는 그리스 어에서 나온 것이에요. 이집트에서 사온 파피루스를 팔던 데에서 유래되었지요. 또한 비블로스는 오늘날의 성경, 즉 '바이블(Bible)'의 어원이랍니다.

비블로스와 페니키아의 쇠퇴

비블로스는 기원전 4500년경부터 시작된 오래된 도시였어요. 하지만 십자군 전쟁 이후부터 쇠퇴하기 시작해 많은 고대 유적이 파괴되었고, 비블로스의 존재는 사람들에게 잊혀졌어요. 한편, 페니키아는 기원전 12세기부터 기원전 9세기까지 400년 동안 지중해의 가장 강력한 도시 국가로 지

비블로스의 전통 가옥.

중해 연안의 여러 지역을 식민지로 삼았어요. 그리고 아프리카 서안과 동인도까지 세력을 뻗쳤지요. 그러나 나중에는 점점 세력이 약해지다가 그리스와 로마 제국의 지배를 받는 지방 도시 중 하나가 되었어요.

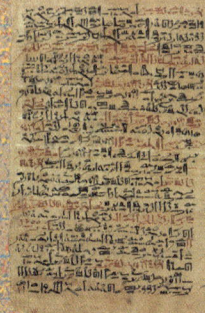

비블로스의 항아리.

알파벳의 기원, 페니키아 문자

페니키아는 지중해 연안의 넓은 지역에 카르타고를 비롯한 식민지를 건설했어요. 무역이 활발했기 때문에 사고파는 물건들을 보다 쉽고 간편하게 정리하기 위하여 문자가 필요했어요. 그래서 페니키아 인들은 자신들만의 표음 문자를 만들었고, 이 문자를 그리스에 전하였지요. 페니키아의 표음 문자는 알파벳의 기원이었답니다. 비블로스에서 발견된 아히람 왕의 석관을 보면 총 22개의 표음 문자가 새겨져 있기도 해요. 비블로스는 알파벳의 역사와 고대 역사를 잘 보여 주는 유적지로 유네스코 세계 문화 유산에 지정되어 있어요.

비블로스의 항구.

연관 검색 　종이의 할아버지 '파피루스'

종이를 영어로 '페이퍼(paper)'라고 하는데 이는 '파피루스(papyrus)'에서 나온 말이에요. 파피루스는 이집트 나일 강 습지에서 자라는 2미터가 넘는 긴 풀이에요. 이집트 인들은 파피루스로 배, 돛, 신발, 바구니 같은 여러 물건을 만들었어요. 또한 줄기의 껍질을 벗기고 말려서 매끄럽게 다듬어 종이처럼 사용했지요. 사람들은 이 파피루스에 갈대 펜으로 문자나 그림을 그려 넣었답니다.

▲ 이집트의 파피루스.

신화가 아니라 진짜였어!
트로이 고고 유적 터키

트로이 유적을 발굴한 고고학자

독일에서 가난한 목사의 아들로 태어난 하인리히 슐리만은 어린 시절 호메로스의 서사시 《일리아드》를 읽고, 이야기 속 현장을 찾아 발굴하는 꿈을 품었어요. 하인리히 슐리만은 성인이 되자 꿈을 이루기 위해 터키로 향했지요. 그는 1871년부터 트로이 유적 발굴에 나섰고, 놀랄만한 성과를 거두었어요. 트로이 유적뿐만 아니라 고대 그리스를 대표하는 유적지인 미케네를 비롯한 여러 지역을 발굴하여 세상을 깜짝 놀라게 했지요.

하인리히 슐리만.

트로이 유적

트로이 유적은 유럽과 아시아 대륙의 중간, 흑해와 에게 해가 교차하는 곳에 있어요. 에게 해에서 6킬로미터 떨어진 히사를리크 언덕 위에 있는데, 바다에서 너무 멀지도 가깝지도 않아 외부의 침입을 막고, 교역을 하기에 좋은 위치였지요. 트로이 유적은 시대별로 서로 다른 9개의 층으로 이루어져 있는데, 이것은 수천 년 동안 트로이가 에게 해를 중심으로 유럽과 아시아가 교류하던 문명의 중심지였음을 짐작케 한답니다.

트로이 극장 유적.

트로이 성벽 유적.

트로이 목마

호메로스의 서사시《일리아드》를 보면 트로이 전쟁에 대한 이야기가 나와요. 기원전 1260년, 그리스 미케네의 왕 아가멤논은 동생의 아내 헬레네를 빼앗아 간 트로이 왕자 파리스에게 복수를 하려 했어요. 아킬레우스, 오디세우스와 그리스 연합군을 거느리고 트로이를 공격했지요. 그러나 계속하여 트로이 함락에 실패하자 오디세우스는 꾀를 내었어요. 거대한 목마를 만들어 남겨 두고 전투에서 철수하는 척했다가, 빈틈을 노리려는 속셈이었지요. 트로이군은 오디세우스의 작전대로 목마를 성안에 들여놓고 승리의 기쁨에 취했어요. 새벽이 되자 목마 안에 숨어 있던 오디세우스의 군사들이 트로이 성문을 열었고, 성 밖에 있던 그리스 연합군이 기습 공격을 해 트로이 성을 함락했어요. 그리고 이렇게 10년 동안 계속되었던 트로이 전쟁이 끝나게 되었지요.

신화가 아닌 역사

트로이 왕국에 대한 이야기는 고대 그리스 작가인 호메로스가 쓴 서사시《일리아드》를 시작으로 많은 역사 학자와 작가에 의해 소개되었어요. 하지만 트로이는 신화 속에나 나오는 왕국으로만 여겨졌지요. 그러나 트로이 유적과 유물 발굴이 성공하면서 트로이 전쟁이 신화나 전설이 아니라 실제 역사임이 증명되었어요.

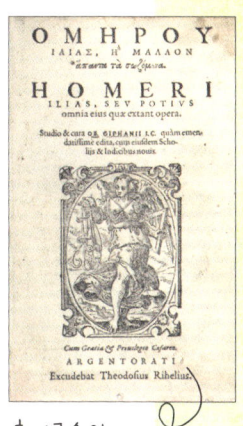

호메로스의 《일리아드》.

역사 속에 묻혀 있던 고대 도시
아수르 이라크

고대 아시리아의 주요 도시, 아수르

티그리스 강, 유프라테스 강 주변은 기원전 7000년경부터 '메소포타미아'라고 불리며 문명이 발전해 왔어요. 그중 고대 도시 아수르는 기원전 3000년 무렵 수메르 인에 의해 세워졌지요. 아수르는 기원전 14세기~9세기경 아시리아 제국의 수도로 아시리아의 종교적 중심지가 되었어요. 또한 아수르는 아시리아 인들이 섬기던 신의 이름기도 해요. 아시리아라는 나라 이름도 아수르에서 생겨난 것이고요. 아수르에서는 기원전 7세기경 만들어진 것으로 추측되는 점토판이 발굴된 적이 있어요. 이 점토판에는 아수르에 4킬로미터 길이의 요새 성벽이 둘러싸고 있었고 성벽 안에는 아수르 신을 위해 지은 신전인 지구라트와 왕궁, 웅장하고 널찍한 공공 공간과 주택이 있었다고 적혀 있었어요.

1909년에 촬영된 아수르 유적의 모습.

이집트는 피라미드, 메소포타미아는 지구라트

이집트 문명을 상징하는 건축물이 피라미드라면, 메소포타미아 문명을 상징하는 건축물은 지구라트예요. 피라미드는 파라오의 무덤이었지만, 지구라트는 신을 모시는 신전이었지요. 수메르 인들이 처음 세우기 시작한 지구라트는 바빌로니아와 아시리아 등 메소포타미아 주변 여러 도시 국가나 제국에도 세워져 메소포타미아 문명을 상징하는 건축물이 되었어요.

역사 속에 묻혀 있던 아수르

아수르는 고대 바빌로니아에 의해 파괴되었다가 1세기~2세기 파르티아 제국 시대에 다시 세워졌어요. 그 뒤로는 3세기 무렵 사산 왕조 때 황폐해져 역사 속에 묻혀 버렸지요. 그리고 시간이 많이 흐른 1831년 어느 날, 영국인에게 발견되었고 그 뒤, 독일인의 발굴로 오늘날 우리가 아시리아와 메소포타미아 문명에 대해 짐작할 수 있게 되었답니다.

'눈에는 눈, 이에는 이' 함무라비 법전

기원전 18세기경 메소포타미아를 다스렸던 바빌로니아의 함무라비 왕은 282개의 조항으로 이루어진 법전을 펴냈어요. 이것이 바로 '함무라비 법전'이에요. 법전에는 토지, 재산, 결혼, 상속, 범죄 등에 대한 규정이 있는데 '눈에는 눈, 이에는 이'라는 원칙으로 죄를 지은 만큼 벌을 무겁게 받아야 한다는 내용도 있었지요. 함무라비 법전은 세계 최초의 문자로 새겨진 법으로 오늘날 많은 법전에 영향을 주었답니다.

함무라비 법전.

연관 검색 바벨탑이 지구라트라고?

구약 성경 《창세기》에 "같은 언어를 쓰는 무리들이 하늘 꼭대기까지 성을 쌓으려고 하자, 여호와가 그들의 교만을 꺾기 위해 언어를 다르게 만들었다. 그들은 서로 말을 알아들을 수 없어서 성 쌓는 것을 중단했는데 그 성의 이름을 '바벨'이라고 했다"라는 내용이 나와요. 역사 학자들은 구약 성경에 나오는 바벨탑이 메소포타미아에 있던 지구라트 중 하나가 아니었을까 짐작해요.

▲ 대 피터르 브뤼헐, 〈바벨탑〉.

아폴론이 태어난 작은 섬
델로스 섬 그리스

아폴론과 아르테미스가 태어난 섬

델로스 섬은 남북으로 5킬로미터, 동서로 1.3킬로미터 정도인 작은 섬이에요. 그리스 신화 속 쌍둥이 아폴론과 아르테미스가 태어난 곳이지요. 신화에 따르면 제우스는 아내인 헤라 몰래 레토라는 여신과 사랑에 빠졌어요. 레토는 쌍둥이를 임신했지만, 질투심 많은 헤라는 쌍둥이가 태어나는 것을 방해했지요. 이에 제우스는 레토를 바다의 신인 포세이돈에게 데려갔어요. 포세이돈은 바다에 떠다니는 조그만 섬에서 레토가 아이를 낳을 수 있게 도와주었지요. 그렇게 태어난 쌍둥이가 아폴론과 아르테미스예요.

그리스 신화 속의 신들

- 제우스 : 최고의 신으로 하늘과 천둥의 지배자예요.
- 헤라 : 제우스의 아내, 올림포스 최고의 여신이에요.
- 포세이돈 : 바다와 물의 신이에요.
- 아르테미스 : 아폴론의 여동생으로 달의 여신이에요.
- 아폴론 : 태양의 신, 아름다움과 음악의 신이에요.

아폴론 조각상.

아르테미스 조각상.

델로스 동맹의 회의 장소

기원전 478년, 아테네를 중심으로 그리스의 도시 국가들이 주변 강대국인 페르시아에 맞서기 위해 동맹 관계를 맺었어요. 이 동맹의 회의가 델로스 섬에서 열려 델로스 동맹이라고 하지요. 실제로 델로스 동맹의 금고가 이곳 아폴론 신전에 보관되어 있었다고 해요.

델로스 동맹 VS 펠로폰네소스 동맹

그리스의 도시 국가들이 아테네를 따르는 것이 못마땅했던 스파르타는 델로스 동맹을 어기고 다른 도시 국가들과 육군의 군사력이 중심이 된 또 다른 동맹을 맺었어요. 이때 동맹을 맺었던 도시 국가들 대부분이 펠로폰네소스 반도에 위치했었기 때문에 이 동맹을 펠로폰네소스 동맹이라 불렀어요.

고대 유적이 발견된 무인도

19세기 후반, 델로스 섬에서 아폴론 신전 등 고대 그리스의 신전과 보물 창고, 시장, 회관, 주택, 극장 등의 건물 터와 모자이크, 조각 등 많은 고대 유적과 유물이 발견되었어요. 지금은 사람이 살지 않는 무인도이지만 그리스 고대 유적을 구경하려는 관광객들의 발길이 끊이지 않아요.

델로스 섬의 고대 조각들.

세계에서 가장 오래된 도시
다마스쿠스 시리아

세계에서 가장 오래된 도시

시리아는 메소포타미아 평야를 가로지르는 유프라테스 강 상류에 있는 나라예요. 시리아의 수도는 다마스쿠스지요. 다마스쿠스는 시리아 사막 중앙에 있는 오아시스에 자리 잡고 있어요. 기원전 3000년 무렵에 세워져 현재에 있는 도시들 중에 세계에서 역사가 오래된 도시랍니다. 다마스쿠스는 크리스트교의 발상지 가운데 한 곳으로, 가톨릭, 동방 정교 등 여러 크리스트교 교파가 중요하게 여기는 곳이에요. 그 이유는 크리스트교를 세계에 전파한 사도 바울이 이곳에서 예수를 믿고 따르는 독실한 사도가 되었기 때문이지요.

다마스쿠스와 사도 바울 이야기

사도 바울은 원래 율법 학자로 예수를 믿는 사람들을 핍박했었어요. 예수를 믿는 사람들을 잡으러 예루살렘에서 다마스쿠스로 가는 도중 갑자기 하늘에서 강한 빛이 내려와 시력을 잃고 거꾸러졌어요. 그때 "네가 어찌하여 나를 핍박하느냐."는 예수님의 음성을 듣게 되었고, 바울은 3일 동안 눈이 먼 채로 유다라는 사람의 집에서 머물렀지요. 바울은 그때 예수의 계시를 받은 아나니아의 도움으로 세례를 받았고, 예수님의 말씀을 전하는 사람이 되었다고 해요.

카라바조, <성 바울의 개종>.

다마스쿠스의 도시 풍경.

크리스트교들의 성지 아나니아 교회

다마스쿠스에는 사도 바울이 아나니아를 만난 곳과 아나니아가 사도 바울을 치료했던 유다의 집에 지어진 아나니아 교회가 있어요. 다마스쿠스의 동과 서를 연결하는 직선거리가 있는데 성경에서는 이곳을 직가라고 불러요. 지금도 많은 크리스트교인들은 직가와 아나니아 교회를 방문하기 위해 다마스쿠스를 찾아가고 있어요.

아나니아 교회 내부.

이슬람의 4대 도시 중 하나

다마스쿠스는 최초의 이슬람 왕조인 우마이야 왕조의 수도였어요. 우마이야 왕조는 661년부터 750년까지 아라비아를 다스린 첫 번째 이슬람 왕조였지요. 중앙아시아, 북아프리카, 이베리아 반도에 이르는 넓은 영토를 손에 넣기도 했던 왕조랍니다.

이슬람교인들의 고향

다마스쿠스는 이슬람 문화를 대표하는 도시 중 하나예요. 그래서 도시 곳곳에 이슬람교 사원이 많지요. 그중에도 우마이야 대사원은 세계에서 가장 큰 사원이자, 이슬람교가 생겨난 뒤로 가장 오래된 사원으로 유명해요.

우마이야 대사원.

인더스 문명의 중심지
모헨조다로
파키스탄

인더스 문명의 중심지 모헨조다로와 하라파

기원전 2500년경 드라비다라는 부족이 인더스 강 주변에 두 도시를 만들고 문명을 발달시켰어요. 두 도시는 인더스 강 상류의 하라파와 인더스 강 하류의 모헨조다로였어요. 하라파와 모헨조다로에서는 고대인의 솜씨라고 하기에는 깜짝 놀랄 만큼 발달된 문명이 생겨났어요. 이 발달된 문명은 인더스 강 유역에서 발생된 것이어서 인더스 문명이라고 하지요. 모헨조다로는 인더스 강 하류 서쪽, 오늘날의 파키스탄 신드 지방의 라르카나 지구에 있어요. 모헨조다로라는 말은 '죽은 자의 흙무덤' 또는 '죽음의 언덕'을 뜻한답니다.

모헨조다로에서 발견된 제사장 조각상.

목화를 재배하여 옷을 만들어 입다

인더스 문명을 이루어 낸 모헨조다로 사람들은 물을 적절하게 이용하는 관개 농업으로 보리와 목화 등을 재배했어요. 목화를 재배한 이유는 목화에서 실을 뽑아 옷을 지어 입기 위해서였지요.

인더스 문명이 사라진 이유

모헨조다로와 같이 훌륭한 도시를 만들었던 인더스 문명은 기원전 1700년경부터 쇠퇴하다가 기원전 1500년경에 아리아 인들의 침입으로 사라졌어요. 하지만 오늘날에는 인더스 문명이 사라진 이유가 아리아 인들의 침입 때문이 아니라 홍수 때문이라고 주장하는 학자들도 있지요.

계획된 도시 모헨조다로

모헨조다로는 자연스럽게 발전한 도시가 아니라 처음부터 철저한 계획을 갖고 만든 계획도시였어요. 도시는 성벽으로 둘러싸여 있었고, 사방으로 뻗어 있는 포장도로 양쪽으로는 벽돌집이 질서 정연하게 늘어서 있었어요. 또 하수도와 대중목욕탕, 창고 같은 공공시설도 잘 갖춰져 있었지요.

- **수세식 화장실** : 모헨조다로 유적에서 발견된 화장실은 오늘날의 수세식 화장실과 차이는 있지만 배설물을 물로 흘러가게 했다는 점에서 원리가 같아요.
- **아파트 모양의 건물** : 아파트 모양의 건물이 있었어요. 14동의 건물이 2열로 늘어선 모양이었지요. 이 건물은 노동자들이 살았던 곳으로 짐작해요.
- **대중목욕탕** : 큰 대중목욕탕과 작은 목욕탕이 있었어요. 대중목욕탕은 일반 시민이, 작은 목욕탕은 제사장이 의식을 치르기 위해 목욕했던 곳으로 짐작해요.
- **하수도 시설** : 목욕탕에서 사용한 물은 지하 배수로를 통해 큰길에 나 있는 하수도로 흘러갔어요. 성과 요새, 시가지에 있는 집집마다 하수도가 연결되어 있었지요.

수상한 돌기둥
스톤헨지 영국 🇬🇧

공중에 걸쳐 있는 돌

영국의 수도 런던에서 서쪽으로 130킬로미터 정도 떨어진 곳에 솔즈베리 평원이 있어요. 솔즈베리 평원에는 원 모양으로 쌓여진 돌들이 있지요. 이 돌들이 바로 스톤헨지예요. 스톤헨지는 고대 영어로 '공중에 걸쳐 있는 돌'이란 뜻이에요.

스톤헨지 유적지의 돌기둥.

누가 만들었을까?

스톤헨지는 신석기 시대부터 시작되어 청동기 시대에 이르기까지 여러 차례에 걸쳐서 만들어진 것으로 짐작해요. 현대에 이르러 조사해 본 결과 구조물의 건조 시기가 각각 달랐거든요. 그런데 더욱 놀라운 것은 스톤헨지에 사용된 돌이 무려 32킬로미터나 떨어진 곳에 있었다는 조사 결과였어요. 선사 시대 사람들이 그 무거운 돌을 어떻게 옮겼는지에 대해서는 아직도 알 수 없지요. 그래서 어떤 사람들은 외계인이 돌을 이동시키고 쌓는 기술을 가르쳐 준 것이라고 말하기도 해요.

조지 말로드 윌리엄 터너, 〈스톤헨지〉.

평원에 원 모양의 돌기둥을 쌓은 사람들

기원전 3000년 무렵, 그레이트브리튼 섬 평원에 누군가 원 모양으로 도랑을 파고, 그 바깥으로 둑을 쌓았어요. 그리고 어디선가 거대한 돌들을 옮겨와 세웠지요. 가장 큰 돌기둥의 높이는 7미터, 무게는 45톤이었어요. 또 시간이 흘러 기원전 2000년 무렵, 누군가 새로운 돌들을 운반해 다시 원 모양으로 쌓았어요. 그리고 돌기둥 위에 가로로 넓게 돌을 얹었지요. 마치 지붕을 얹은 것처럼 말이에요.

무엇을 하던 곳일까?

스톤헨지가 무엇을 하던 장소였는지는 지금까지도 정확히 알 수 없어요. 하지만 주변에 사람이 살았던 흔적이 없어서 신을 모시던 신성한 곳, 또는 가축을 기르던 우리, 하늘을 관측하는 천문대였을 것이라는 등 다양한 추측을 한답니다.

| 연관 검색 | 스톤헨지와 닮은꼴 에이브베리 유적 |

스톤헨지처럼 선사 시대나 고대에 거대한 돌을 이용해 만든 것을 '거석 기념물'이라고 해요. 큰 돌로 만든 기념물이란 말이지요. 스톤헨지만큼 많이 알려지지는 않았지만, 스톤헨지에서 북쪽으로 약 3킬로미터 떨어진 곳에 에이브베리 거석 유적지가 있어요. 유럽에서 가장 큰 환상 열석(거대한 돌을 원형으로 배치한 고대 유적)이 있는 유적이에요. 바깥쪽 원은 약 100개의 돌기둥으로 이루어져 있어요. 유적지에서 발견된 도자기 파편들은 기원전 3000년경 이곳에 180개의 돌이 놓여 있었음을 짐작케 하지요.

▶ 에이브베리 유적.

어떻게 쌓은 걸까?
기자 피라미드 이집트

나일 강에서 문명이 싹트다

기원전 3000년경 이집트 나일 강 유역의 기름진 땅에 문명이 싹텄어요. 그 문명은 2000년이나 지속되었지요. 이집트 문명을 이룬 사람들은 기하학과 건축술, 천문학 등을 크게 발달시켰는데 피라미드는 이를 증명하는 대표적인 유적이에요.

항공에서 촬영된 나일 강의 모습.

할아버지, 아들, 손자가 나란히 묻히다

이집트 나일 강의 중류에는 기자라는 도시가 있어요. 그리고 기자에는 원래의 모습이 잘 보존된 3개의 피라미드가 있어요. 쿠푸 왕, 카프레 왕, 멘카우레 왕의 무덤이지요. 3개 중 가장 큰 피라미드는 쿠푸 왕의 것으로 높이가 146.5미터예요. 고대 그리스 역사가 헤로도토스는 쿠푸 왕의 피라미드는 2만 명이 3개월을 교대로 일해 20년에 걸쳐 만들어졌다고 주장했어요. 또 카프레 왕의 피라미드는 136미터, 멘카우레 왕의 피라미드는 65미터로 이 역시 엄청난 크기이지요. 카프레 왕은 쿠푸 왕의 아들이며, 멘카우레 왕은 카프레 왕의 아들이에요. 할아버지와 아들, 손자의 피라미드가 나란히 있는 셈이지요.

쿠푸 왕의 조각.

피라미드는 왜 불가사의가 되었을까?

피라미드는 이집트 고왕국 때부터 만들어진 파라오들의 무덤이에요. 파라오는 고대 이집트 최고 통치자를 부르는 말이지요. 그런데 이집트 사람들은 왜 왕들의 무덤을 사막 한가운데 거대한 피라미드로 만든 걸까요? 또 커다란 돌을 어떻게 옮겨서 쌓아 올렸을까요? 게다가 쿠푸 왕의 피라미드 속 쿠푸 왕이 묻힌 '왕의 방'은 신비한 힘이 있다는 이야기도 전해지고 있어요. 피라미드는 이처럼 많은 사람들의 호기심을 자극하는 불가사의한 유적이랍니다.

피라미드를 지키는 수호 동물?

카프레 왕은 자신의 힘을 자랑할 방법을 궁리하다가 자신의 피라미드 옆에 독특하게 생긴 조각상을 세웠어요. 수호신이나 수호 동물처럼 말이에요. 그 조각상이 바로 스핑크스예요. 스핑크스는 사자의 몸에 사람의 얼굴을 하고 있는 모양으로 거대한 자연석을 깎아 만들었어요. 길이는 70미터, 높이가 20미터나 되지요.

스핑크스.

스핑크스를 발견한 이집트 왕자

기원전 1400년 무렵, 한 이집트의 왕자가 사냥을 나갔다가 지쳐서 사막에서 잠이 들었어요. 왕자는 꿈을 꾸었는데 꿈속에서 어떤 목소리가 "숨 막히는 모래에서 나를 꺼내 주면 왕이 되게 해 주겠다."라고 말했어요. 꿈에서 깬 왕자는 이를 태양신의 계시라고 여기고 자신이 잠들었던 자리 주변의 모래를 치웠어요. 모래 속에는 스핑크스 조각상이 파묻혀 있었고, 스핑크스의 몸통을 세상에 드러나게 한 왕자는 나중에 정말로 왕위에 올랐다고 해요. 그가 바로 이집트 제18왕조 제8대 왕인 투트모세 4세예요.

4학년 1학기, 〈과학〉

수천 년 만에 싹 튼 씨

씨는 몇 년 동안이나 살 수 있을까요? 수천 년 된 씨는 과연 싹을 틔우고 자랄 수 있을까요?
국립수목원에서는 이집트 피라미드에서 발견한 3300년 전의 완두콩 씨를 가져와 싹을 틔우고 자라게 한 일이 있었습니다. 처음 가져왔을 때에는 씨가 심하게 말라 있었지만, 다행히 씨눈이 살아 있어 물을 충분히 주었더니 싹이 트고 자라 열매가 열렸다고 합니다. 3300년 된 씨가 싹을 틔울 수 있었던 까닭은 피라미드가 저장고 역할을 해 주어 완두콩 씨가 썩지 않았기 때문입니다.

한번 들어가면 빠져나올 수 없는 미궁
크노소스 궁전 그리스

크레타 문명이 태어난 섬, 크레타 섬

에게 해의 크레타 섬은 사람이 살기에 알맞은 기후였어요. 기원전 2000년경, 사람들은 포도와 올리브를 재배하고, 청동을 사용하며 문명을 이루었지요. 이 문명을 바로 크레타 문명이라고 한답니다. 크레타 문명을 이룬 사람들은 섬 여러 지역에서 각각의 세력으로 나뉘어 있다가 미노스라는 왕에 의해 통일되었지요.

섬에 도시와 멋진 궁전을 짓다

크노소스는 인구가 8만 명이 될 정도로 크게 발전했어요. 크레타 섬을 통일한 미노스 왕은 크노소스 궁전을 지었어요. 가운데 직사각형의 광장을 두고, 동쪽에는 왕궁과 공방, 서쪽에는 제사를 지내는 곳, 그밖에 창고, 야외 극장, 선착장 등도 만들었어요.

크노소스 궁전 유물.

크노소스 궁전 유적.

궁전의 벽과 천장에 그려진 그림

크노소스 궁전의 벽이나 천장에는 크레타 문명의 특징을 알 수 있는 그림들이 그려져 있어요. '바닷 속을 헤엄치는 돌고래', '물고기들을 엮어서 걸어가는 소년들' 등 해양 문화를 발달시킨 그들의 생활 모습이 프레스코 그림으로 그려져 있지요. 프레스코 그림은 벽에 석회를 바르고 석회가 마르기 전에 물감으로 색을 칠해 벽과 같이 굳게 하는 그림이에요.

돌고래가 그려져 있는 크노소스 궁전의 벽화.

궁전에 한번 들어가면 나올 수 없어

크노소스 궁전은 길이 어지럽게 여러 갈래로 나뉘어져 있어서, 한번 들어가면 빠져나오기 어려워요. 이렇게 미로로 만들어진 궁전을 '미궁'이라고도 부르지요. 크노소스 궁전이 여러 미궁들의 기원이랍니다.

미궁에 얽힌 전설

그리스 신화에 따르면 미노스는 제우스와 페니키아의 공주 에우로페의 아들로 크레타 섬에서 태어났어요. 미노스가 성인이 되자, 다른 사람들과 왕의 자리를 놓고 다투게 되었지요. 미노스는 포세이돈에게 자신이 제우스의 아들이라는 증거로 잘생긴 황소를 보내 주면 나중에 제물로 돌려주겠다고 약속했어요. 그런데 막상 왕의 자리에 오르고 나자, 미노스는 포세이돈에게 받았던 황소가 아닌 다른 황소를 돌려주었고, 포세이돈은 이에 화가 나 벌을 내렸어요. 미노스의 부인이 소와 사랑에 빠지게 하여 머리는 소, 몸은 사람인 괴물인 미노타우로스를 낳게 한 거예요. 미노스는 건축과 공예의 명장인 다이달로스에게 궁전의 지하에 한 번 들어가면 절대 빠져나올 수 없는 미궁을 짓게 한 다음 미노타우로스를 가둬 놓았어요. 그리고 아테네에서 공물로 잡아 온 소년과 소녀를 미노타우로스의 먹잇감이 되게 했지요. 크레타 섬에 잡혀온 인물 중에는 아테네의 영웅인 테세우스도 있었어요. 그런데 미노스 왕의 딸인 아리아드네가 테세우스를 보고 한눈에 반해 그를 도와주려고 남몰래 단검과 실뭉치를 건네주었어요. 테세우스는 아리아드네가 준 실을 입구에 묶은 다음 실뭉치를 풀어 가며 미궁 속으로 들어갔어요. 그리고 단검으로 미노타우로스를 물리치고는 풀어 놓은 실을 되감아서 무사히 탈출에 성공했지요.

미노타우로스를 공격하는 테세우스 조각.

이집트 왕국의 보물을 지켜라!
아부심벨 신전 이집트

람세스 2세를 위한 신전

아부심벨 신전은 이집트의 파라오, 람세스 2세가 지은 암굴 신전이에요. 자신의 강력한 힘을 뽐내고, 적들을 위협하기 위해 지었어요. 거대한 암벽을 깎아 만든 대신전 앞에는 높이 22미터에 이르는 람세스 2세의 조각상 4개가 있어요. 왕관을 쓰고 수염을 단 파라오가 앉아 있는 모습이지요. 신전 안에는 람세스 2세의 각종 전투 장면이 새겨져 있어요.

람세스 2세 조각.

왕비를 위한 신전

아부심벨 대신전 옆에는 소신전도 있어요. 람세스 2세의 왕비인 네페르타리를 위해 지은 것이에요. 이집트에서 최초로 왕이 왕비를 위해 지었던 신전이지요. 소신전에는 람세스 2세의 조각상 4개와 네페르타리 왕비의 서 있는 조각상 2개가 조각되어 있어요.

네페르타리의 신전.

람세스 2세가 남긴 기념물

람세스 2세는 제19왕조의 파라오였어요. 66년간 왕위에 있으면서 아시아 강대국인 히타이트 왕국과 16년 동안 전쟁을 벌였지요. 람세스 2세는 히타이트 왕국과 휴전 협상을 맺은 뒤 이집트 곳곳에 자신의 기념물을 많이 세웠어요. 지금 이집트에 남아 있는 고대 건축물 중 절반이 람세스 2세가 남긴 것이라고 할 정도로 말이에요. 그중 가장 대표적인 건축물이 아부심벨 신전과 룩소르 신전이랍니다.

아부심벨 신전을 구해라!

1959년 이집트 정부는 나일 강에 아스완 댐을 건설하여 강의 범람을 막고 부족한 에너지를 공급할 계획을 세웠어요. 그러나 아스완 댐을 건설하면서 누비아 지방의 수위가 높아져 아부심벨 신전이 물에 잠기게 될 위기에 놓이게 되었어요. 이에 유네스코가 이집트와 수단 정부와 함께 아부심벨을 구하기 위한 캠페인을 벌였어요. 그 결과 세계 50여 개 나라에서 3,600만 달러라는 엄청난 자금을 마련하였고, 신전을 원래 위치보다 70미터 가까이 높은 곳으로 끌어 올렸답니다.

아부심벨을 옮기는 모습.

연관 검색 파라오들의 무덤 '왕가의 계곡'

아부심벨 같은 위대한 신전을 지은 람세스 2세의 무덤은 어디에 있을까요? 이집트 나일 강 중류 룩소르의 서쪽 변두리에는 이집트 신왕국 시대 파라오들의 무덤이 있어요. 신왕국 시대의 파라오들은 사람들의 눈에 잘 띄지 않는 골짜기 벼랑이나 바위틈에 무덤을 만들었어요. 그곳이 바로 '왕가의 계곡'이었지요. 투트모세 1세부터 람세스 2세, 또 람세스 11세에 이르는 많은 파라오들이 여기에 묻혔어요. 그렇지만 안타깝게도 1922년에 발굴된 투탕카멘의 무덤을 제외하고는 모든 무덤들이 도굴되어 유물은 물론, 파라오의 미라조차 남아 있지 않아요.

▶ 왕가의 계곡에서 발굴된 투탕카멘의 황금 마스크.

고대 그리스 인들의 축제 현장
올림피아 고고 유적 그리스

그리스 신들이 오순도순

그리스 펠로폰네소스 엘리스 지방에는 고대 그리스 인들이 신성하게 여겼던 신들의 땅이 있어요. 바로 올림피아라는 곳이에요. 사람들은 올림피아에서 제우스나 헤라 등 여러 신들을 위한 신전과 제단을 짓고 종교 의식을 치렀어요. '올림피아'라는 말은 신들이 살고 있다고 믿었던 신성한 산, '올림포스'에서 따왔답니다.

그리스 사람들이 와글와글

올림피아에는 신전을 비롯해, 사람들이 살던 집, 운동 경기장 등 아름다운 건축물들이 있었어요. 그리스 사람들의 문화와 예술이 화려한 문명으로 꽃피었던 대표적인 장소였지요.

그리스 신들의 우두머리, 제우스

그리스 신들 중에서도 최고의 신은 제우스예요. 또, 올림피아를 대표하는 건축물도 제우스 신전이지요. 제우스 신전은 기원전 5세기경 리보라는 건축가가 지은 것으로, 원래 높이가 20미터나 되었다고 해요. 하지만 지금은 다 무너진 돌무더기와 7미터 높이의 기둥만 남아 있어요.

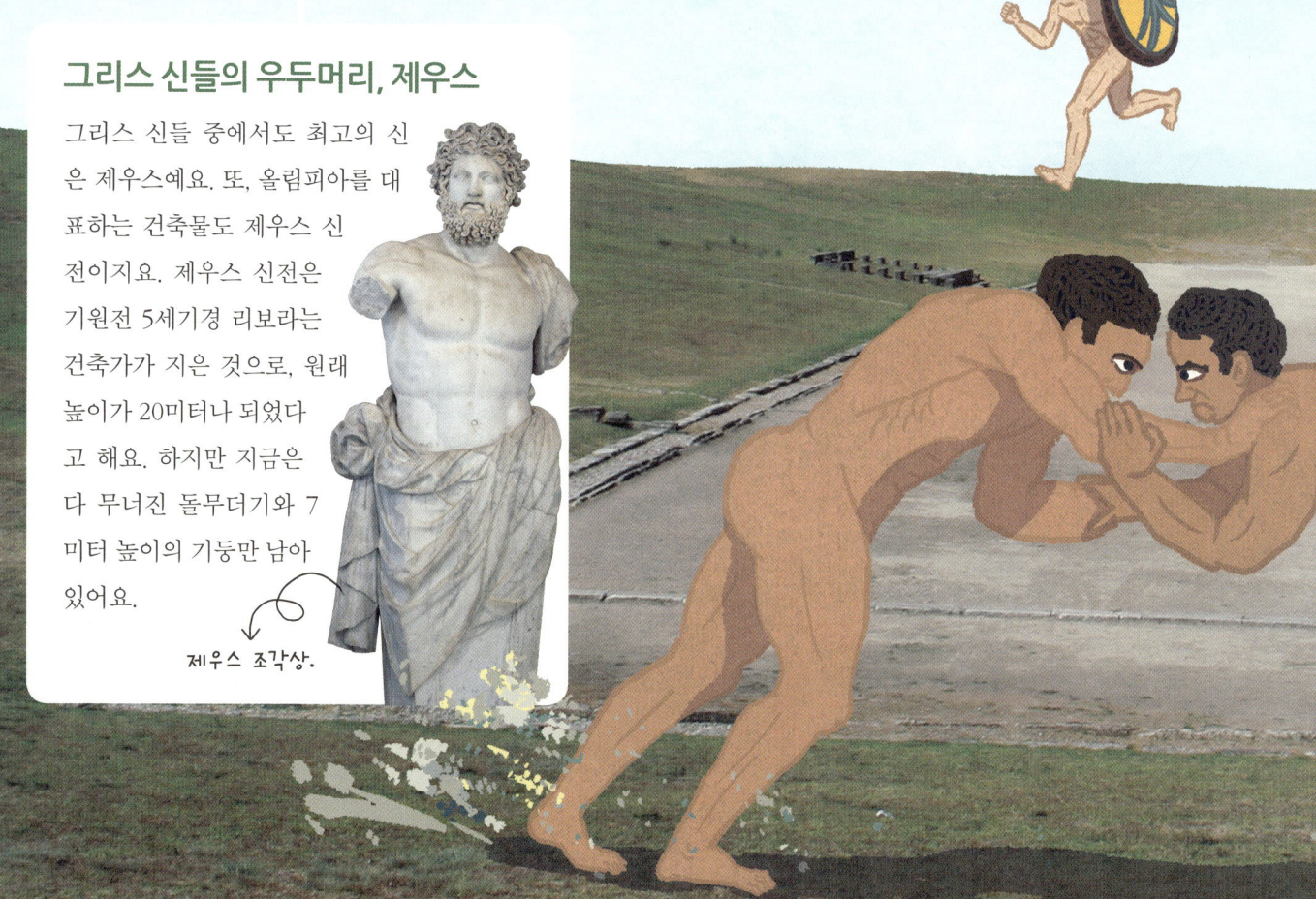

제우스 조각상.

올림픽 경기로 시끌벅적

올림피아에서는 기원전 776년부터 그리스 도시 국가를 대표하는 선수들이 모여 4년에 한 번씩 운동 경기를 치렀어요. 이를 올림픽이라고 하지요. 올림픽 경기장은 선수들이 경기를 펼쳤던 경기장과 관람석, 심판석이 있었는데, 오늘날의 육상 경기장과 모습이 비슷해요.

고대 올림픽 경기장.

올림픽 성화의 불은 헤라 신전에서

올림피아에는 제우스의 아내, 헤라를 모시던 신전도 있어요. 기원전 7세기 무렵에 지어진 헤라 신전은 올림피아에서 가장 오래된 신전으로 올림픽 성화의 불을 가장 처음 얻는 장소로도 유명해요. 1936년 베를린 올림픽 때부터 이곳에서 올림픽 성화의 불을 붙여 오고 있지요.

헤라 신전.

고대 올림픽과 근대 올림픽 경기

고대 올림픽에서는 달리기, 멀리뛰기, 창던지기, 원반던지기, 권투, 레슬링, 경마, 전차 경주 등 다양한 경기 종목을 치렀어요. 시인과 음악가도 대회에 참가해 예술 무대를 펼쳐 운동 경기와 예술 활동이 어우러졌지요. 고대 올림픽은 400년 무렵 로마 제국 때부터 중단되었다가 근대에 프랑스의 피에르 드 쿠베르탱 남작에 의해 부활되어 1896년 아테네에서 제1회 근대 올림픽 경기 대회를 시작으로 현재까지 이어져 오고 있어요.

다양한 종교인들의 성지
예루살렘과 통곡의 벽

이스라엘 · 요르단

이스라엘 왕국의 수도

이스라엘 왕국의 제2대 왕 다윗이 예루살렘에 살던 부족을 몰아내고 예루살렘을 이스라엘의 수도로 정했어요. 그 뒤 다윗의 아들인 솔로몬은 이곳에 궁전과 성전을 지었지요. 그 후에는 기원전 935년, 이스라엘 왕국이 북 이스라엘과 남 유대 왕국으로 분열되며 예루살렘은 유대 왕국의 중심지가 되었어요. 그러나 그 뒤로 예루살렘은 바빌로니아, 페르시아, 로마, 오스만투르크 등 여러 제국과 왕조의 지배를 받게 되고 말지요.

세 번씩이나 파괴된 예루살렘 성전

예루살렘에는 성전 산이라는 곳에 성전이 세워져 있었어요. 처음에는 솔로몬 왕이 세운 솔로몬 성전이었는데 기원전 587년경 바빌로니아에 의해 파괴되었지요. 그 뒤, 유대 인들이 바빌로니아 포로 상태에서 귀환하여, 스룹바벨의 지휘로 파괴된 솔로몬 성전을 재건축했어요. 하지만 이 성전은 로마에 의해 또 다시 파괴되었어요. 로마 제국 때 유대 왕 헤롯이 폐허가 된 스룹바벨 성전 터 위에 다시 성전을 세웠는데 이번에는 70년경에 로마군이 파괴해 버렸지요. 현재는 '통곡의 벽'이라고 부르는 서쪽 벽만 남아 있어요.

이슬람교인들의 예루살렘

성전 산에는 통곡의 벽과 나란히 황금 돔이 빛나는 바위 사원이 있어요. 이슬람교의 3대 성지 중의 하나인 바위 사원 안에는 아브라함이 외아들 이삭 대신 양을 바칠 때 썼던 바위이자, 예언자 무함마드가 승천할 때 밟았다는 성스러운 바위가 모셔져 있지요.

통곡의 벽과 바위 사원.

유대교인들의 예루살렘

통곡의 벽은 유대교를 믿는 이스라엘 사람들에게 최대 성지예요. 파괴된 성전을 보고 슬퍼했기 때문에 '통곡의 벽'이라고 불리게 되었다는 설도 있지요. 통곡의 벽은 언제나 세계 각지에서 찾아온 유대교인들로 북적거려요. 이곳에 가면 소원을 적어 온 종이를 바위틈에 끼고 기도하는 유대교인들의 모습을 쉽게 찾아볼 수 있지요.

통곡의 벽 아래에서 기도하는 유대인들.

크리스트교인들의 예루살렘

예루살렘에는 예수가 십자가에 못 박힌 골고다 언덕이 있어요. 예수가 십자가에 못 박힌 곳에 세워졌다는 성묘 교회는 크리스트교 최고의 성지이지요. 예수가 십자가를 지고 걸었다는 길, 최후의 만찬을 베풀었던 장소 등도 크리스트교인들에게는 성지 중의 성지이고요.

종교가 같은 사람들끼리 따로따로

예루살렘의 옛 시가지를 둘러싼 성벽 안에는 믿는 종교에 따라 아르메니아 주거 지역, 크리스트교 주거 지역, 유대교 주거 지역, 이슬람교 주거 지역이 따로 나뉘어져 있어요.

연관 검색 — 다툼이 끊이질 않는 평화의 터전, 예루살렘

예루살렘이라는 이름은 '평화의 터전'이라는 뜻이에요. 하지만 기원전 1000년 무렵 다윗이 예루살렘을 점령한 때부터 오늘날까지 전쟁과 대립이 끊이질 않았어요. 유대교, 크리스트교, 이슬람교가 서로 성지라 주장하는 예루살렘은 유네스코 세계 문화유산으로 등록되었지만 국가의 이름은 표기하지 못했어요. 예루살렘을 실제 관리하는 국가는 이스라엘이지만 문화유산 신청을 한 곳은 요르단이거든요.

룸비니 동산을 지나던 만삭의 여인

기원전 623년, 네팔 히말라야의 산기슭, 룸비니라는 동산에 만삭의 여인이 잠시 쉬고 있었어요. 그녀는 샤카 족의 왕비인 마야 부인이었어요. 마야 부인은 데바다하 성 성주의 딸로 카필라바스투 왕국의 슈도다나 왕과 결혼을 했어요. 그 뒤 아기를 임신해 출산을 위해 친정으로 가던 중이었지요.

마야 부인의 모습을 표현한 조각상.

룸비니 정원.

불교의 창시자가 태어난 성스러운 곳

마야 부인은 룸비니 동산에서 아기를 낳게 되었어요. 아기는 태어나자마자 "하늘 위와 아래에 나 홀로 높고, 온 천하가 다 괴로우니 내가 그를 편안하게 하리라."고 외쳤다고 해요. 이 아기가 바로 싯다르타였어요. 싯다르타는 훗날, 세계 4대 성인 중 한 명인 석가모니랍니다.

석가모니가 태어난 곳을 알리는 표식.

불교 4대 성지

불교를 이 땅에 탄생시킨 싯다르타, 즉 석가모니와 깊은 관련이 있는 4곳을 불교에서는 4대 성지로 꼽아요. 부처가 열반하기 전에 제자 아난다에게 사람들이 참배할 곳을 일러준 데서 유래해요.

- 룸비니 : 부처가 태어난 곳이에요.
- 부다가야 : 부처가 깨달음을 얻은 곳이에요. 보리수 아래에서 깨달음을 얻었다고 해요.
- 사르나트 : 부처가 처음으로 가르침을 전한 곳이에요. '녹야원'이라고도 불러요.
- 쿠시나가라 : 부처가 열반에 들어 화장을 한 곳이에요.

싯다르타, 석가모니가 되다!

싯다르타는 스물아홉의 나이에 출가를 하고, 서른다섯의 나이에 깨달음을 얻었어요. '깨달은 자'라는 뜻의 붓다로, 또는 샤카 족을 일컫는 '석가'와 성자를 뜻하는 '모니'를 합쳐 석가 부족 출신의 성자라는 뜻으로 '석가모니'라고 불렸지요. 석가모니는 이 땅에 불교라는 종교를 처음 만든 부처예요. 불교를 믿는 사람들은 이런 석가모니가 태어난 룸비니 동산을 성스러운 장소로 여겼어요. 룸비니 동산은 수많은 불교 신자들이 찾는 곳이 되었지요. 기원전 249년에는 인도의 아소카 황제가 룸비니에 찾아와 불탑과 말 모양이 조각된 돌기둥을 세워 부처님의 탄생을 기념하기도 했어요.

룸비니의 불상.

지중해의 원래 주인은 나야!
카르타고 고고 유적

튀니지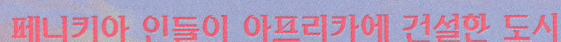

페니키아 인들이 아프리카에 건설한 도시

카르타고는 북아프리카 튀니지의 도시 중 하나예요. 튀니지의 수도인 튀니스에서 약 30~40분 정도 떨어진 지중해 해안 도시이지요. 카르타고는 기원전 9세기경에 페니키아 인들이 건설했어요. 페니키아는 기원전 12세기부터 기원전 9세기까지 400년 동안 지중해를 중심으로 활발한 해상 무역을 펼친 민족으로 지중해 연안의 여러 지역을 식민지로 삼고, 아프리카 서안과 동인도까지 세력을 뻗쳤어요.

1950년대에 촬영된 카르타고 고고 유적.

페니키아 인이 세운 도시 중 으뜸

페니키아 인들은 중동 지역을 시작으로 북아프리카와 이베리아 반도에 이르기까지 여러 도시들을 건설했어요. 페니키아 인들이 건설한 도시들은 고대 어떤 도시 국가와 견주어도 그 규모가 뒤지지 않았지요. 그 중에서도 카르타고는 가장 번창했던 곳이에요.

지중해의 주인이 되기 위해!

기원전 246년경, 로마는 지중해 지역으로 세력을 넓히려 했어요. 하지만 지중해는 카르타고가 장악하고 있었지요. 한편 시칠리아 섬에 있던 그리스의 식민 도시 시라쿠사에서 용병들의 반란이 일어났어요. 용병들은 로마에게 도움을 청했어요. 마침 시칠리아를 넘보던 로마는 군대를 보냈고, 이미 군대를 주둔하고 있던 카르타고와 충돌을 하게 되었지요. 이렇게 시작된 로마와 카르타고의 전쟁이 바로 포에니 전쟁이에요. '포에니'란 라틴 어로 '페니키아 사람'을 뜻하는 말이에요. 이때부터 기원전 146년까지 120여 년에 걸쳐 3차례 전쟁을 벌인 결과 로마가 승리를 거두고 지중해의 주인이 되었답니다.

포에니 전쟁을 묘사한 그림.

포에니 전쟁으로 와르르 무너지다

카르타고는 페니키아 인들이 세운 도시이면서 국가이기도 했어요. 로마와 지중해의 주인 자리를 놓고 다툴 정도로 세력이 막강했어요. 그러나 로마와 벌인 포에니 전쟁에서 패하면서 로마의 식민지가 되고 말았지요. 카르타고를 점령한 로마는 페니키아 인들이 세운 건물을 부수고 그 위에 새로운 도시를 세웠어요. 페니키아 인들의 흔적은 거의 사라지고 로마 문화를 상징하는 건축물들이 들어섰지요. 도시의 모습이 완전히 다른 모습으로 바뀐 것이에요.

카르타고의 명장 한니발

2차 포에니 전쟁에서는 한니발이라는 젊은 장군의 활약이 컸어요. 스물여섯 살의 나이에 에스파냐의 총독이 된 후, 전쟁 준비를 착실히 하여 로마를 공격했지요. 한니발은 모두가 예상한 것처럼 지중해를 건너 로마군을 공격하지 않았어요. 코끼리 수십 마리와 군사들을 이끌고 군이 험한 알프스 산맥을 넘었지요. 로마군의 허를 찌르려는 속셈이었어요. 역시나 로마군은 예상치 못한 방향에서 공격해 오는 카르타고군을 보고 혼비백산했고요. 카르타고는 3차까지 이어진 포에니 전쟁에서 결국 지고 말았지만, 카르타고의 장군이었던 한니발만큼은 명장 중의 명장으로 아주 오래 기억되고 있지요.

바위 속에 숨겨져 있던 도시
페트라   요르단

누가 만든 도시일까?

1812년, 스위스의 젊은 탐험가 부르크하르트가 시리아의 다마스쿠스에서 이집트의 카이로로 가던 중에 요르단에 엄청난 유적이 숨겨져 있다는 말을 듣게 되었어요. 그는 아라비아 인으로 변장을 한 뒤 그곳을 찾아 나섰고, 사막의 산속에서 바위를 깎아 만든 옛 도시를 발견했어요. 그리고 이를 세상에 알렸지요. 이곳은 고대 세계 7대 불가사의 중 하나이자, 유네스코 세계 문화유산으로 지정된 유적이랍니다.

부르크하르트의 초상화.

나바테아 인들이 만들었지!

스위스의 탐험가가 발견한 도시는 나바테아 왕국의 수도인 페트라였어요. 기원전 7세기 무렵에 나바테아 인이 건설한 도시였지요. 나바테아 인은 기원전 7세기경부터 기원전 2세기 무렵까지 시리아와 아라비아 반도에서 활약했던 아랍계 유목민이에요.

대상들의 중심지였지!

페트라는 홍해와 흑해 사이에 있었는데, 그리스와 로마 제국이 번성했을 때에는 아라비아의 향료와 중국의 비단, 인도의 향신료를 거래하는 대상들의 중심지였어요. 대상이란 사막이나 초원에서 낙타나 말에 짐을 싣고 먼 곳을 다니며 교역을 하는 상인 집단이지요. 대상은 '카라반'이라고도 불려요.

페트라는 바위라는 뜻이야!

페트라는 사막 한가운데에 있는 산악 도시예요. 붉은 사암 덩어리로 이루어진 거대한 바위 틈새를 깎아 도시를 만들었지요. 이곳에는 주거 시설, 목욕탕, 극장, 시장, 무덤 등이 있었으며, 3만 명 정도의 사람들이 살았던 것으로 알려졌어요. 페트라는 그리스 어로 '바위'를 뜻한답니다.

페트라의 건물은 건축이 아닌 조각!

페트라에 세워진 모든 건물은 건축이 아닌 조각이에요. '보물 창고'라는 뜻의 알카즈네 신전은 바위를 정교하게 다듬고 파내서 만든 것이며 원형 극장 역시 모두 바위를 다듬어 조각한 것이에요. 수도원, 집, 목욕탕, 무덤 역시 바위를 깎아 만든 것이고요. 나바테아 인들은 바위를 평평하게 깎아 설계도를 그린 뒤 그림 그대로 위에서부터 아래로 파고들어 가며 도시를 조각했어요. 페트라는 나바테아 인들이 만든 도시 중 4분의 1에 불과해요. 아직도 80퍼센트 정도가 모래 속에 묻혀 있답니다.

페트라의 좁은 길.

알카즈네 신전.

페르시아 제국의 흔적을 찾아서
페르세폴리스 이란

이란의 옛 이름, 페르시아

서남아시아의 페르시아 만 연안에 위치한 이란은 옛날에는 페르시아라고 불렸어요. 페르시아라는 이름은 고대 그리스 인들이 이란 남서부 해안 지역의 사람들을 '파르스'라고 부른 데에서 비롯되었어요. 1935년 '아리아 인의 나라'란 뜻의 이란으로 바뀌었지요.

페르시아의 도시, 페르세폴리스

아케메네스 왕조 때 페르시아는 넓은 땅을 다스리는 대제국이었어요. 다리우스 1세 때에는 지중해 연안과 메소포타미아 지방, 인도의 서북부 지역에 이르는 넓은 땅과 많은 민족을 다스렸지요. 파사르가다에, 바빌론, 수사라는 거대한 도시가 있었지만 다리우스 1세는 파사르가다에에서 남서쪽으로 약 40킬로미터 떨어진 곳에 페르세폴리스라는 새 도시를 건설했어요. 페르세폴리스는 페르시아의 도시라는 뜻이에요. 페르세폴리스는 다리우스 1세부터 크세르크세스, 아르타크세르크세스 1세에 걸쳐 60년 이상이나 걸려 만들어졌어요.

아주 특별한 도시

페르세폴리스는 다른 도시와 좀 달랐어요. 도시를 지키기 위한 병사들의 숙소와 신에게 예배를 드리는 장소는 있었지만, 시장이나 일반 시민들이 생활하는 주거지는 없었거든요. 페르세폴리스는 평범한 도시가 아니라 국가의 중요한 행사를 치르고, 외국 사절단을 맞이하고, 보물을 보관하고, 왕들의 안식처로 사용하기 위해 특별히 만든 곳이었지요.

파르사, 페르세폴리스, 타흐트에 잠시드

페르시아 인들은 페르세폴리스를 '파르사'라고 불렀어요. 훗날 그리스 인들에 의해 '페르시아의 도시'라는 뜻의 페르세폴리스로 불리게 되었지요. 현재 이란 사람들은 '왕의 옥좌'라는 뜻의 '타흐트에 잠시드'라고 부른답니다.

약탈당한 페르세폴리스의 보물들

기원전 330년, 마케도니아와 그리스 연합군을 이끌고 페르시아를 점령한 알렉산더 대왕이 페르세폴리스의 보물 창고를 약탈했어요. 알렉산더 대왕은 2만 마리의 노새와 5,000마리의 낙타에 보물들을 실어 갔지요. 크세르크세스 궁전에 불을 지르며 페르세폴리스를 잿더미로 만들었고요. 지금은 건물의 기둥, 건물 입구에 세워진 라마수 조각상 등만이 남아 있어서 옛 페르세폴리스의 웅장한 모습을 짐작할 수 있지요.

이집트는 스핑크스, 메소포타미아는?

페르세폴리스에서는 라마수라는 신비로운 조각상을 만날 수 있어요. 라마수는 아시리아, 바빌로니아, 페르시아 등 메소포타미아 지방에서 만들어진 상상의 동물이에요. 사람 얼굴에 새의 날개, 황소의 몸을 하고 있어요. 궁전을 지키는 수호 동물로 궁전 입구나 벽에 조각되었지요. 이집트의 스핑크스가 앉아 있는 모습이라면 라마수는 서 있는 모습이에요.

라마수.

페르시아를 대제국으로 만든 다리우스 1세

다리우스 1세는 선왕이 죽은 뒤 반란을 진압하고 왕위에 올라 페르시아의 영토를 크게 넓혔어요. 영토의 분할과 관리, 조세 제도의 확립, 도량형의 정비, 도로망 정비 등 여러 업적도 쌓았지요. 또한 정복한 지역의 백성들의 언어와 종교를 인정해 주기도 했어요.

다리우스 1세의 그림.

신들의 언덕
아테네 아크로폴리스 그리스

신앙과 정치의 중심지, 아크로폴리스
고대 그리스 문명의 중심이었던 아테네의 사람들은 적의 공격을 막기 위해 높은 언덕에 성벽을 쌓았어요. 그리고 성벽 안에 신들의 신전을 세우고 광장을 만들었지요. 이곳이 바로 아크로폴리스예요. 아크로폴리스는 높은 곳을 뜻하는 '아크로스'와 도시를 뜻하는 '폴리스'가 합쳐진 말이에요.

아크로폴리스는 아테네에만 있다?
고대 그리스의 도시 국가에는 모두 아크로폴리스가 있었어요. 하지만 나중에는 아크로폴리스라고 하면 고대 그리스 도시 국가 중에서도 가장 번성했던 아테네의 아크로폴리스를 가리키게 되었지요.

아크로폴리스에는 파르테논 신전이 있다!
아크로폴리스에는 파르테논 신전, 에렉티온 신전, 니케 신전이 있어요. 그중에서도 아크로폴리스를 대표하는 신전은 파르테논 신전이지요. 파르테논 신전은 그리스의 신들 중 지혜와 정의, 기술의 여신인 아테나를 모시는 신전이에요.

파르테논 신전.

아테나 여신의 조각상.

파르테논 신전의 기둥은 특별하다?

파르테논 신전의 기둥은 '엔타시스'라는 건축 방법으로 만들어졌어요. 엔타시스는 기둥의 중간 부분을 약간 부풀어 오르는 곡선으로 만드는 기법이에요. 이 방법으로 만들어진 기둥은 안정감이 있어요. 우리나라의 부석사 무량수전의 배흘림기둥과도 비슷하지요.

서양 건축사와 고대 그리스 문명의 상징

하얀 대리석으로 지어진 파르테논 신전은 현재는 기둥과 보(기둥을 수평으로 받치는 건축 재료)만 남아 있지만 건축적, 조형적 완성도가 뛰어나 서양 건축과 미술의 역사에 큰 영향을 끼쳤어요. 또한 서양 문명의 뿌리인 고대 그리스 문명을 상징하기도 하고요. 국제 연합의 교육 문화 기구인 유네스코의 마크가 바로 파르테논 신전을 표현한 것이랍니다.

유네스코 마크.

파르테논 신전의 엘긴 마블을 돌려 달라!

1799년, 그리스가 오스만투르크의 지배를 받을 당시 영국의 외교관 토머스 브루스가 오스만투르크 주재 대사로 임명 받아 그리스로 가게 되었어요. 고미술품에 관심이 많던 토머스 브루스는 파르테논 신전의 조각품들에 반하게 되었고, 조각품을 하나 둘 뜯어내어 영국으로 가져갔어요. 10년 동안이나, 무려 253점을 말이에요. 그는 그것을 영국 정부에 돈을 받고 팔았어요. 조각품들은 영국 정부의 소유가 되어 현재까지 대영 박물관에 보관되고 있어요. 토머스 브루스는 그 일로 영국 정부로 '엘긴'이라는 귀족 작위를 받았어요. 토머스 브루스가 파르테논 신전에서 떼어 영국에 가져온 조각품들은 '엘긴이 가져온 대리석'이라는 뜻으로 '엘긴 마블'이라고 불러요. 그리스 정부는 엘긴 마블을 돌려달라고 영국 정부에 요구했지만 영국 정부는 그 요구를 들어주지 않고 있답니다.

토머스 브루스.

번쩍번쩍 빛나는 황금 사원
담불라 황금 사원
스리랑카

인도양의 눈물이자, 보석

아시아 서남부 인도양에 스리랑카라는 섬나라가 있어요. 대륙이 마치 인도양에 눈물을 한 방울 떨어뜨린 것 같은 모양이라 하여 '인도양의 눈물'이라고 불리기도 하지요. 또한 440년 동안 유럽의 식민 지배를 받은 아픈 역사를 지닌 나라이기도 해요. 스리랑카의 또 다른 별명은 '인도양의 보석'이에요. 보석이 많이 나는 곳이냐고요? 물론 스리랑카는 사파이어, 루비 등 아름다운 보석이 많이 나는 보석 수출국이기도 해요. 하지만 스리랑카는 아름다운 자연 풍경과 옛 모습을 그대로 간직한 고대 유적이 많아서 인도양의 보석이라고 불려요. 《동방 견문록》을 쓴 탐험가, 마르코 폴로는 스리랑카를 세상에서 가장 아름다운 섬이라고 하기도 했어요. 이 아름다운 섬에는 유네스코 세계 유산에 지정될 만큼 가치 있는 황금 사원이 있어요. 바로 스리랑카의 보물, 담불라 황금 사원이에요.

마르코 폴로.

굴속에 아름다운 벽화와 불상들이

담불라 황금 사원은 약 2200년 동안 이어온 석굴 사원으로 총 5개의 넓고 깊은 석굴로 이루어져 있어요. 굴 내부에는 화려한 색상의 벽화와 다양한 크기의 불상이 160여 개나 되지요. 그중 가장 중심이 되는 석굴은 제2굴 '마하라자 비하라'인데, 이 이름은 위대한 왕의 사원이란 뜻이에요. 정면의 너비는 약 52미터, 안쪽의 길이는 약 23미터, 입구 부분의 높이는 약 7미터예요. 또 조각상 61개가 안치되어 있는 거대한 석굴 사원이랍니다.

동굴 사원의 누워 있는 불상.

부처님의 덕으로 적을 물리치다!

기원전 1세기 무렵 인도 북부에서 건너와 스리랑카에 왕국을 세운 신할리 족의 바타가마니 아바야라는 왕이 있었어요. 왕은 인도 남부 타밀 족의 침입을 받아 수도였던 아누라다푸라에서 담불라로 피신을 왔지요. 왕은 14년 동안 피신 생활을 하다가 타밀 족을 물리치고 다시 아누라다푸라로 돌아갈 수 있었어요. 왕은 이 모든 덕이 불교에 있다고 생각하여 담불라에 사원을 세우게 했어요. 담불라는 그 뒤로 불상과 석굴의 수가 늘어나 오늘날의 담불라 황금 사원이 되었다고 해요.

스리랑카의 불교 중심지

스리랑카는 인도 문화의 영향을 받아 불교가 발달했어요. 국민 중 70퍼센트 가까이가 불교를 믿는 나라로 곳곳에 불교 유적이 있어요. 스리랑카의 불교 유적 중에 가장 유명한 곳은 담불라 황금 사원이에요. 2000년 이상 스리랑카의 불교 중심지 역할을 해 오고 있지요. 담불라는 스리랑카의 중앙부 시기리야에 있는 작은 마을에 위치해 있어요.

| 연관 검색 | 스리랑카의 또 다른 세계 문화유산 |

스리랑카 중부의 정글에 수직의 요새처럼 우뚝 솟은 곳이 '시기리야 고대 도시'예요. 아버지를 산 채로 묻어 버리고 왕위를 빼앗은 신할리 왕조 제65대 왕 카사파 1세가 세운 도시지요. 바위 성의 아랫부분을 깎아 사자 모양으로 만들고 평평한 바위산 정상에는 좁은 계단과 작은 길을 연결하여 궁전, 저수지, 정원 등을 만들었어요. 지금은 폐허가 되어 벽돌로 된 기단만 남아 있지요.

▲ 시기리야 고대 도시.

세계에서 가장 긴 성벽
만리장성 중국

만리장성을 만든 사람은 누구일까?

중국 역사의 상징인 만리장성을 만든 사람은 누구일까요? 많은 사람들은 중국 역사상 첫 통일 국가를 세운 진나라의 시황제가 쌓은 것으로 알고 있어요. 그러나 만리장성을 처음 짓기 시작한 것은 춘추 시대의 '제'라는 나라였어요. 전국 시대에는 '연', '조', '위', '초' 등 여러 나라가 함께 쌓았고요. 그 뒤 진나라 때 고쳐 짓고 연장하기 시작해 여러 왕조를 거쳐 완성되었답니다.

달에서 만리장성이 보인다고?

사람의 손으로 만들어진 것 중, 달에서 볼 수 있는 유일한 건축물이 만리장성이라는 이야기가 있어요. 그러나 그것은 사실이 아니에요. 만리장성은 길이는 길지만 폭이 좁아요. 성벽의 높이는 6~9미터, 폭은 위 4.5미터, 아래는 9미터 정도이지요. 실제로 달에서 사람의 눈으로 직접 볼 수 있는 인공 건축물은 아무것도 없어요. 그러니 만리장성을 달에서 눈으로 직접 볼 수 있다는 것은 말도 안 되는 이야기랍니다.

먼 거리에서 담은 만리장성의 모습.

알 수 없는 만리장성의 길이

만리장성은 1만 리나 되는 길이로 만리장성이라고 불리게 되었어요. 사람의 손으로 만든 인공 구조물 중 가장 큰 규모를 자랑하지요. 또 그 가치를 인정받아 유네스코 세계 문화유산에 지정되어 있기도 하고요. 하지만 만리장성의 정확한 길이에 대해서는 논란이 있어요. 만리장성의 길이는 약 6,000킬로미터라고 해요. 그리고 현재 지도상에 남아 있는 길이가 약 2,700킬로미터이지요. 그런데 중국은 만리장성의 길이를 2009년에는 약 8,800킬로미터로, 최근에는 2만 킬로미터가 넘는 것으로 발표했어요.

만리장성을 오르는 관광객들.

고무줄처럼 늘어나는 만리장성

최근에 중국이 발표한 만리장성의 길이는 만리장성으로 대표되는 진나라 및 한나라, 명나라의 장성 유적뿐만 아니라 그 외 다른 왕조, 다른 민족에서 건설했던 중국의 다양한 성을 모두 합산한 것이에요. 그중에는 고구려와 발해가 쌓은 성도 포함되어 있지요. 중국의 이런 주장 뒤에 역사 왜곡의 의도가 숨겨져 있는 것은 아닌지 걱정하는 사람들도 있답니다.

1907년에 촬영한 만리장성.

| 연관 검색 | 진시황제가 만든 세계 문화유산 |

- **진시황릉** : 중국 산시성에서 1974년에 발굴된 진시황릉은 진시황제의 무덤이에요. 당시 진나라의 수도인 셴양의 도시 계획을 그대로 반영하여 설계했어요. 동서 길이 485미터, 남북 길이 515미터, 높이가 76미터나 되는 엄청난 규모지요. 그리고 진시황릉에서 1킬로미터 떨어진 곳에는 진시황제를 지키기 위한 또 다른 무덤, '진시황릉 병마용갱'이 있어요. 진시황릉을 지키기 위해 흙으로 만든 병사와 말들이 있는 굴이에요. 진나라의 군사 제도, 갑옷, 무기 등의 연구에 큰 도움을 준 문화유산이에요.

▲ 병마용갱 안의 흙으로 만든 병사들.

- **아방궁** : 진시황제는 아방궁이라는 어마어마한 궁전도 지었어요. 동서 약 700미터, 남북으로 약 120미터에 이르는 2층 건물이었어요. 1만 명의 사람들이 앉을 수 있고, 궁전의 방마다 보물과 황제의 오락 시설이 가득했어요. 궁전에 만든 연못은 얼마나 넓은지 배가 다닐 수 있을 정도였지요. 기원전 207년 진나라가 멸망할 때 아방궁도 불타게 되었는데 궁전이 얼마나 컸던지 불길이 3개월 동안 꺼지지 않았다고 해요.

▲ 청나라 때 아방궁을 그린 그림.

이슬람 문명을 간직한 도시
사나 예멘

2,200미터의 산속에서 이어진 2500년 이상의 역사

예멘의 산속 한가운데 '사나'라는 도시가 있어요. 사나는 아랍 어로 '요새화된 곳'이란 말이지요. 고도 2,200미터의 산속, 2500년 이상 인간이 살아온 깊은 역사가 있는 곳이에요. 또한 사나는 1세기 무렵 아라비아 반도의 내륙으로 향하는 길목으로 아라비아 교역의 중심지이기도 했답니다. 사나의 옛 시가지는 2500년 전의 아랍 문화가 거의 옛 모습 그대로 잘 보존되어 있어서 도시 전체가 유네스코 세계 유산으로 지정되어 있답니다.

크리스트교 교회와 이슬람 모스크

사나는 이슬람 세력이 지배하기 전까지 크리스트교가 부흥했던 곳이에요. 그래서 과거에는 크리스트교 교회가 많이 세워졌었지요. 하지만 7~8세기에는 이슬람교 전파의 중심지가 되었고, 이후에는 이슬람교의 예배당인 모스크가 많이 세워졌어요.

2008년에 세워진 알 살레 모스크.

탑처럼 생긴 아름다운 벽돌집

사나의 옛 시가지에는 독특하게 생긴 주택들이 도시를 장식하고 있어요. 진흙을 구워 만든 벽돌을 탑처럼 쌓아 올리고 창 주변이나 벽을 하얀 석고로 장식한 집이에요. 건물들은 대부분 비슷한 구조를 갖고 있고, 시가지에는 이렇게 아기자기하고 개성 넘치는 건물들이 옹기종기 모여 있지요. 이 건물은 '타워 하우스'라는 별명으로 불리는데, 여러 세대가 한 집에 모여 사는 대가족 문화 때문에 생겨난 건축물이라고 해요.

사나의 전통적인 주택 타워 하우스.

사나의 '타워 하우스'

- 1층 : 외양간이나 창고였어요.
- 2층 : 손님을 맞이하거나 놀이를 위한 공간이에요.
- 3층 : 여자와 아이들을 위한 공간이었어요.
- 4층~5층 : 부엌과 화장실, 침실로 사용했어요.
- 꼭대기 층 : 다락방 형식의 전망 좋은 방으로 남자들이 이야기를 나누는 곳이었어요.

연관 검색 : 예멘 남자들은 모두 단검을 차고 다닌다고?

예멘을 비롯해 아라비아 지역에 사는 남자들은 '잔비야'라는 단검을 몸에 지니고 다녀요. 곡선 모양으로 된 양날 검으로 주로 벨트에 착용해요. 이 단검은 자신의 몸을 보호할 뿐 아니라 종교적 의식에도 사용하는데, 잔비야를 갖고 있는 것이 자유인의 긍지를 나타낸다고 해요. 예멘 남자는 14세 이상이 되면 잔비야를 소지할 수 있답니다.

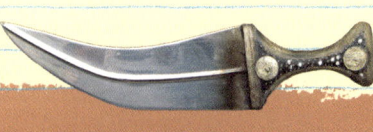
▲ 예멘 남자들이 지니고 다니는 잔비야.

하늘 위에서만 볼 수 있어
나스카와 후마나 평원 페루

안데스 지방에 싹튼 차빈 문명

안데스 산맥을 끼고 있는 고원 지대에도 문명이 싹텄어요. 가장 먼저 문명이 싹튼 곳은 지금의 페루 북부와 중부의 고원 지대로 기원전 1000년 무렵이에요. 이 지역 사람들은 높은 지대 골짜기에 반지하 원형 광장을 만들고 신전을 세웠어요. 이것이 바로 '차빈 문명'의 시작이었지요. 차빈 문명은 안데스의 여러 지역으로 퍼져 나가 서로 다른 지방 문명을 이루었어요. 남미 북쪽에는 '모치카', 남해안에는 '파라카스'와 '나스카', 남방 고지대에는 '티아우아나코' 등이 있어요.

나스카 문명을 짐작하게 하는 유물.

나스카와 후마나 평원의 거대한 그림

나스카 문명은 농업을 중심으로 사회를 발전시키고, 거대한 피라미드와 공공건물, 관개 수로를 만드는 등 높은 기술과 발달된 문화를 갖고 있었어요. 그들이 남긴 유적 중에는 나스카와 후마나 평원에 그린 그림이 있어요. 이 그림은 고대인들이 만든 것이라고 보기 힘들 만큼 엄청난 크기이지요. 어떤 것은 크기가 수백 미터나 되는 것도 있어요.

어떤 그림이 그려져 있을까?

평원의 그림은 소용돌이, 삼각형, 별, 바퀴, 벌새, 원숭이, 펠리컨, 거미, 고래, 개, 나무 등 다양한 형태를 갖고 있어요. 그림의 크기는 10미터부터 100미터까지 매우 큰 크기이지요.

지상 5미터 높이에서 촬영한 평원의 모습.

어떻게 그렸을까?

평원에 그림을 그린 방법은 표면의 자갈을 긁어내고 아래에 있는 가벼운 흙이 드러나도록 솔질하는 방식이었어요. 건조한 기후 탓에 천 년이 넘는 세월 동안 원래의 모습을 보존할 수 있었지요.

누가 왜 그린 걸까?

자로 잰 것 같은 직선과 곡선, 정확한 비례의 사물 형상과 기하학적 도형들은 인간이 그렸다고 하기에는 너무 완벽하고 거대해요. 심지어 비행기나 헬리콥터를 타고 하늘에서 봐야만 그 모습을 분별할 수 있어요. 지상에서는 그저 움푹 파인 직선이나 곡선으로만 보일 뿐이지요. 누가, 왜 이런 그림을 그렸는지에 대해서는 여러 주장이 있어요. 어떤 사람은 이 그림이 나스카 인들이 만든 천문학 달력이라고 주장해요. 또 어떤 사람은 단순한 그림이 아니라 외계인의 우주선 착륙지일 것이라고도 하지요. 그리고 종교 의식과 관련되어 제사장들이 신에게 바친 희생물을 그린 것이라고 보는 사람도 있어요. 하지만 이런 주장들은 모두 추측일 뿐, 나스카와 후마나 평원의 그림은 여전히 인류의 수수께끼로 남아 있어요.

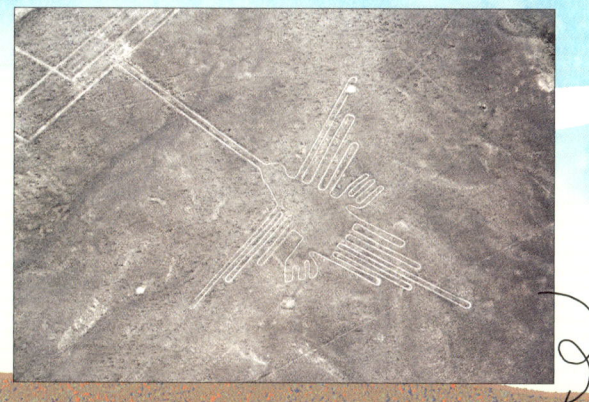

나스카 평원.

여기가 로마야? 그리스야?
하트라 이라크

이라크에 있는 고대 요새 도시, 하트라

하트라는 이라크에 있는 고대 도시로 파르티아 제국의 요새 도시로 세워졌어요. 로마 제국에게 두 차례의 공격을 받았지만 높고 두꺼운 벽이 감싸고 있던 덕분에 무너지지 않았지요. 하지만 안타깝게도 이후 사산 왕조의 공격을 받고 무너졌어요.

파르티아 제국

파르티아 제국은 기원전 250년 무렵에 이란계 유목 부족이었던 파르니 족이 세운 나라였어요. 유프라테스 강과 티그리스 강이 흐르는 메소포타미아 지역을 지배했지요. 파르티아 제국은 거의 같은 시기에 팽창했던 로마 제국과 힘을 겨루기도 했어요. 전성기 때에는 남으로는 유프라테스 강 북안, 북으로는 현재의 터키 동남부, 동으로는 현재의 이란 동부까지 걸쳐 있었다고 해요.

하트라 유적.

동양과 서양의 문화가 어우러진 건축물

오늘날 남아 있는 하트라 유적에는 고대 그리스와 로마의 건축 양식에 동양적인 특징이 함께 어우러져 있는 건축물이 있어요. 건축물의 아치형 문은 페르시아에서 온 것이고, 장식으로 이용된 인물상은 고대 그리스와 로마에서 온 것이지요. 하트라는 동양과 서양 문화의 혼합 유적지예요.

하트라 유적의 지붕과 기둥.

메소포타미아 태양신을 모신 신전

하트라의 가장 중심부에는 몇몇 신들을 모신 사원 복합 단지가 있어요. 여러 신들 가운데 최고의 신은 샤마슈로 고대 메소포타미아의 태양신이에요. 샤마슈는 함무라비 법전에서 땅과 하늘의 재판관이라 불리기도 했지요. 함무라비 법전은 세계 최초로 문자로 쓰여진 법전이에요. 기원전 1750년 무렵에 바빌로니아의 함무라비 왕이 만든 것이랍니다.

그리스 신화 속, 신들의 조각상

하트라 유적지에서는 헤라클레스, 아폴론, 포세이돈, 에로스, 헤르메스, 티케, 포르투나 등의 그리스 조각상 등이 발견되기도 했어요. 헤라클레스는 고대 그리스 신화에 나오는 최대 영웅이에요. 제우스의 아들로 인간의 삶을 살다가 여러 업적을 세우고 신으로 받아들여지게 되었지요. 티케는 행운의 여신으로 한 도시의 번영과 운명을 지키는 수호신이었어요. 티케가 로마에서는 포르투나로 변해 행운과 운명의 여신으로 등장한답니다.

하트라에서 발견된 헤라클레스의 조각.

이라크는 메소포타미아 문명의 중심

이라크는 티그리스 강과 유프라테스 강 유역에 있는 나라예요. 이곳은 세계에서 가장 먼저 문명을 발달시킨 세계 4대 문명 중의 하나인 메소포타미아 문명의 중심이 되는 곳이에요. 메소포타미아란 고대 그리스어로 '강 사이의 땅'을 의미해요. 그 강이 바로 티그리스 강과 유프라테스 강을 말하지요. 일반적으로 메소포타미아 지역이라 하면 오늘날 이라크, 시리아, 터키의 세 나라에 걸친 지역을 일컫는데, 이라크는 그 중앙을 차지하고 있어요.

고대의 여러 문명이 마주치다
팔미라 유적 시리아

야자나무가 있는 오아시스 마을

옛날 옛적에 시리아의 사막 한가운데 지하수가 솟아 나는 오아시스가 있었어요. 기원전 2000년 무렵, 이미 도시가 건설되었지요. 사람들은 이곳을 야자나무를 뜻하는 '타드모르'라 불렀는데 이 말이 그리스 어로 번역되면서 '팜(야자)의 마을'이란 뜻의 팔미라가 되었어요. 팔미라는 동쪽의 페르시아 만과 이란, 서쪽의 지중해를 잇는 곳이에요. 실크 로드를 따라 여행하던 대상들이 머물러 쉬어 가는 장소였으며, 동양과 서양의 무역을 중개하는 곳이었어요. 팔미라는 여러 지역과 무역을 통해 부유한 도시가 되었어요.

사막의 쉼터 '오아시스'

사막의 오아시스는 샘이 솟아 풀과 나무가 자라고, 농사도 지을 수 있는 곳이에요. 사막 인구의 70퍼센트가 이곳에 정착하여 생활하고요. 또한 사막을 건너서 무역을 하는 상인들에게 물과 음식을 공급해 주지요. 따라서 사막에서 오아시스를 지배하는 것은 곧 그 사막을 지나는 무역로를 지배하는 것과 다름없었어요.

로마 제국의 인정을 받았던 독립 국가

팔미라의 전성기는 로마 제국 시대였어요. 팔미라는 로마 제국의 지배를 받는 처지였지만 로마 제국과 친밀한 관계를 맺고 있었어요. 팔미라는 동양의 물건들을 로마 제국의 주요 도시에 내다 파는 시장이 되었고, 로마로부터 어느 정도 독립을 인정받아 독립 국가로서의 모습을 보이기도 했어요.

아라비아와 로마 제국의 유적이 함께

팔미라는 길 양쪽으로 웅장한 기둥들이 줄지어 있는 도로와 신전, 로마 황제의 주둔지, 목욕탕, 아고라, 극장 등 동양의 아라비아 문명과 서양의 로마 문명이 함께 어우러진 곳이었어요. 그런데 4세기 이후로 당시 세계 무역로의 변화와 서아시아 지방의 쇠퇴로 폐허가 되어 버렸지요.

아라비아와 로마 제국의 문화가 함께 남아 있는 팔미라 유적.

아라비아의 클레오파트라, 제노비아

260년, 팔미라의 군인이자 정치가였던 오데나투스가 누군가에게 암살되는 일이 일어났어요. 오데나투스가 죽은 후에 팔미라를 통치한 것은 왕의 두 번째 왕비였던 제노비아였어요. 제노비아는 어린 아들을 왕위에 즉위시켰지만 사실상 권력은 자신이 쥐었어요. 심지어는 스스로를 '팔미라의 여왕'이라고 불렀어요. 제노비아는 군대를 동원해 이집트와 아시아의 영토를 점령했어요. 뛰어난 미인으로 '아라비아의 클레오파트라'라고 불리기도 했답니다. 하지만 아우렐리아누스가 로마의 황제로 즉위한 뒤에는 로마 제국과의 사이가 나빠져 로마군의 침입을 받기도 했지요.

팔미라 여왕의 비문.

불교 예술의 보물 창고
아잔타 석굴 인도

불교 예술품이 가득한 석굴

아잔타 석굴이란 인도 서부 마하라슈트라 주 북서부에 있는 30개의 석굴을 말해요. 기원전 200년경, 불교를 믿던 사람들이 절벽에 구멍을 뚫어 만든 석굴이에요. 사람들은 그 굴 안에 불교 벽화와 조각품, 불상 등 멋진 불교 예술품들을 만들어 놓았어요. 그래서 아잔타 석굴은 인도뿐 아니라 세계가 인정하는 불교 예술의 보물 창고가 되었지요.

굽타 왕조 때의 유적

아잔타 석굴의 불교 예술품들은 대부분 굽타 왕조 때 만들어졌어요. 싯다르타에 의해 불교가 생겨난 이후 기원전 321년에 인도를 최초로 통일한 마우리아 왕조가 등장했어요. 그 뒤에 쿠샨 왕조가 들어섰는데 이 시기에 불교가 인도에 널리 퍼졌고, 320년 무렵에는 굽타 왕조가 들어서며 불교가 번성했지요.

아잔타 석굴 내부의 불상.

연관 검색 | 세계 3대 불교 석굴 사원

인도의 아잔타 석굴과 함께 중국 북서부 간쑤 성 사막 한가운데 위치한 둔황 석굴과 한국 경주 토함산의 석굴암을 세계 3대 불교 석굴 사원으로 꼽아요. 석굴의 모습이나 그 안의 불상과 조각품들이 불교 미술의 최고 경지를 보여 주지요.

불교와 힌두교가 함께하는 엘로라 석굴

인도 마하라슈트라 주에는 아잔타 석굴과 함께 세계적으로 이름난 석굴이 또 있어요. 엘로라 마을 근처에 있는 엘로라 석굴이에요. 바위산에 석굴 34개가 2킬로미터에 걸쳐 파여져 있는데 남쪽부터 제1굴에서 제12굴까지는 불교의 석굴로 5~7세기에 만들어졌고, 여기에 이어지는 제29굴까지는 힌두교의 석굴이에요. 나머지 5개의 석굴은 자이나교의 석굴로, 8~10세기에 만들어졌는데 그 형식이 하나하나 모두 달라요.

비가 와도 수행은 해야 해!

굽타 왕조 때 불교를 믿던 승려들은 신앙심이 매우 깊었어요. 장마철처럼 비가 계속 내리는 시기에도 수행을 계속하려 했지요. 그래서 승려들은 아잔타 석굴에 불상을 모시고 탑을 세워, 수행을 했어요. 동굴은 더위를 피할 수 있는 서늘한 곳이기도 했고요. 그리고 이런 풍습이 중국과 우리나라에 전해져 중국과 우리나라에도 석굴 사원이 생겨났답니다.

간다라 미술의 영향

인도에서는 굽타 왕조가 들어서기 전인 쿠샨 왕조 때 간다라 미술이 발달했어요. 간다라 미술은 그리스 미술과 불교가 만나 만들어진 불교 미술이에요. 부처의 모습을 인간적인 모습으로 표현한 불상이 그 대표이지요. 간다라 양식의 불상은 머리카락이 물결 모양의 장발이고, 눈이 깊고, 콧날이 오뚝한 서양인을 닮았다는 특징이 있어요. 아잔타 석굴은 간다라 미술과 인도 불교의 발전을 배경으로 하여 만들어졌답니다.

간다라 미술을 대표하는 불상.

2000년 전 사람들의 벼 농사법
코르딜레라스 계단식 논

필리핀

필리핀의 가장 커다란 섬, 루손 섬

필리핀은 아시아 대륙 남동쪽의 서태평양 가운데 7,000여 개의 크고 작은 섬으로 이루어진 나라예요. 이 섬들 중 사람이 정착해 살고 있는 섬은 880여 개 정도지요. 그중에서 가장 큰 섬인 루손 섬 산악 지대에는 코르딜레라스라는 산맥이 있어요.

코르딜레라스 산맥의 계단식 논

코르딜레라스 지역 중 해발 700미터에서 1,500미터 사이에는 쌀을 생산하는 계단식 논이 있어요. 산꼭대기의 숲에서 물을 끌어들여 가파른 계단식 논을 만든 것이에요. 이 논은 코르딜레라스 산맥에서 살아온 소수 부족인 이푸가오 족이 만든 것으로 약 2000년 전부터 생겨나 지금까지 옛 모습을 간직하고 있지요.

계단식 논과 다랑이 논

산간 지역의 비탈진 땅에 계단처럼 만든 논을 계단식 논이라고 해요. 쌀 농사를 하는 아시아의 산간 지역에는 계단식 논과 같은 경작지를 볼 수 있지요. 우리나라에서는 계단식 논을 다랑이 논이라고 불러요.

계단식 논에서 농사를 짓고 있는 사람들.

자연과 더불어 사는 지혜

코르딜레라스의 계단식 논은 과거 조상들이 산악 지대에서 자연과 더불어 농사를 지었던 지혜를 보여 주어요. 험한 지형 덕분에 외부의 지배나 영향을 받지 않고 전통 문화를 지킬 수 있었지요.

위험에 처한 세계 문화유산

유네스코가 해마다 개최하는 세계 유산 위원회는 새로운 세계 유산을 발굴해 등재하기도 하지만, 이미 등재된 유산을 목록에서 해제하거나 '위험에 처한 유산'에 넣기도 해요. 코르딜레라스 계단식 논은 1995년 세계 유산에 등재됐지만 불과 6년 뒤인 2001년에 '위험에 처한 세계 유산'에 이름을 올렸어요. 최근 들어 주민들의 더 나은 생활 방식에 대한 열망과 코르딜레라스 산악 지역의 변화로 계단식 논의 경관이 훼손되었기 때문이에요. 더불어 이 지역 고유의 전통이나 무형 유산 또한 변하거나 사라질 위험에 처했었어요. 하지만 다행스럽게도 '계단식 논 구하기 운동'이라는 시민 단체가 조직되었고, 지역 주민이 이에 적극적으로 참여해 2012년에는 위험에 처한 세계 유산에서 벗어날 수 있었어요.

무시무시한 자연재해의 역사
폼페이 이탈리아

휴양 도시였던 폼페이
이탈리아 남부 나폴리 연안에 폼페이라는 고대 도시가 있었어요. 베수비오 화산의 남동쪽, 사르누스 강 하구에 위치한 항구 도시였지요. 폼페이는 기원전 89년에 로마의 지배를 받으면서 로마 귀족들의 별장이 많이 지어졌고, 휴양 도시가 되었답니다.

고대 도시 폼페이의 유적을 발견하다!
1592년 어느 날, 이탈리아는 폼페이 위를 가로지르는 운하를 건설하려 했어요. 그런데 그곳에서 고대 폼페이의 건물과 회화 작품들이 발견되었지요. 많은 사람들은 기억에서 잊혀졌던 폼페이라는 고대 도시에 다시 관심을 갖기 시작했어요.

↳ 폭발 당시의 공포가 그대로 느껴지는 화석.

화산 폭발로 잿더미가 되다
그러던 79년 8월 베수비오 산에서 거대한 화산 폭발이 일어났어요. 그러고는 엄청난 양의 용암과 화산재를 뿜어냈지요. 폼페이의 수많은 사람들이 고온 가스에 질식하거나, 뜨거운 열에 타 죽고 말았어요. 고대의 아름다운 휴양 도시가 용암과 화산재로 뒤덮인 거예요.

↳ 폼페이의 목욕탕 유적.

마침내 세상에 다시 드러나다

1748년에는 당시 이탈리아를 지배하고 있던 프랑스의 부르봉 왕조가 폼페이 발굴을 시작했어요. 그러나 예술적인 가치가 있다고 생각한 유물만을 주로 발굴했지요. 그리고 시간이 흘러 이탈리아가 통일되면서 이탈리아 국왕이 폼페이를 이전보다 더 조직적으로 발굴하기 시작했어요. 이로 인해 유적에 대한 본격적인 수리와 보존이 이루어지게 되었고, 마침내 폼페이가 세상에 그 모습을 제대로 드러냈어요. 발굴 조사를 통해 드러난 폼페이는 당시 로마의 생활상을 알 수 있는 훌륭한 유적이었어요. 화산 폭발로 시간이 멈춰 버린 도시는 당시 모습을 그대로 간직하고 있었거든요. 폼페이는 1997년 유네스코 세계 문화유산에 지정된 이후에도 발굴 작업을 계속하고 있답니다.

고대 폼페이의 모습은 어땠을까?

폼페이는 한 변이 약 2킬로미터에 이르는 성벽으로 둘러싸여 있었어요. 도시 서쪽에는 광장이 있었고, 그 주위에는 신전과 시장, 시청 등이 모여 있었지요. 도로는 대부분 포장되어 있었는데, 차도와 보도로 구분되어 있었어요. 또 공동 수도와 각 가정으로 물을 보내기 위한 수도관 시설이 발견되기도 했고요. 그밖에 공중목욕탕과 체육관, 두 개의 극장, 1만 명 이상 수용할 수 있는 원형 경기장도 발굴되었답니다. 이 정도면 고대 도시 폼페이의 모습이 어땠는지 짐작할 수 있겠지요?

폼페이 사람들의 생활을 엿볼 수 있는 유적지.

화산재가 2000년 전의 모습을 그대로 보존하다

화산이 폭발할 당시, 화산재는 수천 명의 목숨을 빼앗고 그들이 만든 화려한 도시를 사라지게 했어요. 하지만 오랜 세월이 흘렀음에도 폼페이가 옛 모습을 보존할 수 있었던 이유 또한 화산재 때문이었어요. 평균 6미터 높이의 엄청난 두께로 쌓여 있던 화산재 덕분에 당시 모습을 2000년 동안이나 잃지 않은 것이지요.

화산 폭발 당시의 모습을 짐작할 수 있는 화석.

연관 검색 폼페이 옆 헤르쿨라네움도 세계 문화유산!

폼페이 옆에는 또 다른 유적지인 헤르쿨라네움이란 도시가 있어요. 헤라클레스가 건설했다고 알려진 헤르쿨라네움 역시 폼페이처럼 63년에 발생한 지진으로 많은 부분이 파괴된 뒤, 79년 베수비오 화산 폭발로 사라진 도시예요.

▲ 오늘날 헤르쿨라네움의 모습.

로마 인들의 오락 극장
콜로세움 이탈리아

"네로 궁전의 호수를 헐고 경기장을 지어라"

콜로세움은 네로에 이어 황제의 자리에 오른 베스파시아누스가 명령하여 지은 경기장이에요. 네로가 지은 거대한 궁전의 인공 호수를 헐어 버리고, 로마 시민들의 마음을 얻기 위해 만든 것이지요.

↳ 베스파시아누스 황제의 조각상.

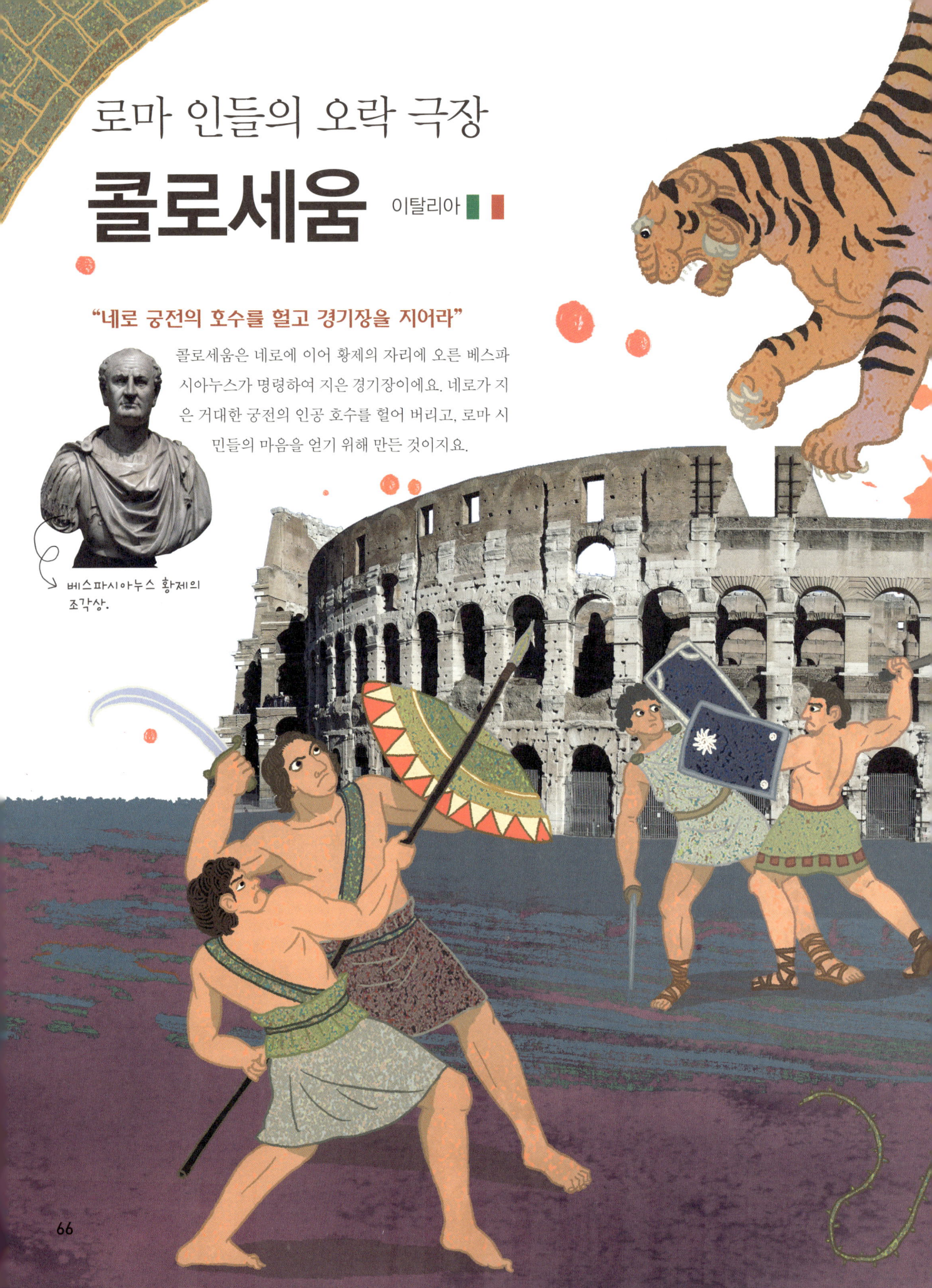

"백 일 동안 경기를 치르도록 하라"

콜로세움을 짓게 한 베스파시아누스 황제는 경기장의 완공을 보지 못하고 눈을 감았어요. 콜로세움은 그 뒤 티투스 황제 때 완성되었지요. 티투스 황제는 콜로세움의 완공을 기념하기 위해 경기장을 완공한 날로부터 백 일 동안 경기를 치르게 했어요.

콜로세움 내부의 모습.

오늘은 어떤 경기가 벌어질까?

콜로세움에서는 다양한 경기가 열렸어요. 동물들이 갖가지 묘기를 부리는 흥미로운 서커스도 열렸지요. 하지만 사람들은 시간이 지날수록 더 자극적인 볼거리를 원했어요. 그래서 나중에는 맹수와 사람의 결투가 열리기도 했어요. 경기에 나선 사람은 갑옷도 입지 않았고 방패와 작은 칼만을 들고서 맹수의 공격에 맞섰지요. 뿐만 아니라 사람과 사람이 검투사가 되어 목숨을 걸고 싸우는 결투도 열렸어요. 경기에 나서는 검투사는 주로 포로나 노예, 죄인들이었는데 돈을 벌기 위해 참가한 일반 시민들도 있었어요. 콜로세움은 중세에는 교회로 쓰이기도 했으며, 그 후에는 로마의 프란지파네 가문과 안니발디 가문에 의해 요새로 이용되기도 했답니다.

콜로세움의 진짜 이름

콜로세움의 원래 이름은 플라비우스 원형 극장이에요. 플라비우스 왕조 때 지어진 건축물이어서 그렇게 불렸지요. 그런데 로마 사람들은 극장 가까이에 네로의 거대한 조각상이 있어서 '거대한 조각상이 있는 경기장'이라는 뜻의 '콜로세움'이라고 불렀어요. 거대한 조각상을 그리스 어로 '콜로서스'라고 하거든요.

연관 검색 | 공공 화장실에 세금을 매긴 황제, 베스파시아누스

베스파시아누스 황제는 국가의 부족한 재정을 메우기 위해 강력한 세금 정책을 펼쳤어요. 그중에 공중화장실 세금을 부과한 일은 유명했지요. 베스파시아누스가 공중화장실을 유료로 사용하게 하면서 세금을 매기자, 그의 아들 티투스가 "냄새나는 화장실에까지 세금을 매기다뇨?" 하면서 반대를 했어요. 그러자 베스파시아누스는 화장실 세금으로 거둔 금화를 아들의 코에 들이대며 "이 금화의 어디에서 냄새가 나느냐?"고 말했어요. 이 말은 그 뒤로 돈에는 귀천이 없음을 말해 주는 유명한 말이 되었지요. 그로부터 1년 뒤인 75년에는 콜로세움의 건설을 시작했는데 이때 가난한 사람들에게 더 많은 일자리를 주기 위해 거중기와 같은 기계를 일부러 쓰지 않았다고 해요.

승리의 기쁨이 두 배가 되는
로마 티투스 개선문
이탈리아

위풍당당 개선문

개선이란 전투에서 이기고 돌아오는 것을 말해요. 전투에서 승리하고 돌아온 황제 또는 장군의 업적을 기리기 위하여 세운 문이 바로 개선문이지요. 개선문은 주로 고대 로마 때 많이 세워졌는데, 로마에는 적어도 수십 개의 개선문이 세워졌었어요. 로마의 개선문은 전투를 마치고 고향으로 돌아오는 군인들의 승리 행렬이 벌어지는 중심 장소였어요. 따라서 개선문의 모습도 위풍당당하게 문의 통로를 아치형으로 만들고 문의 기둥과 지붕에 승리와 관련된 다양한 장식물로 꾸몄어요.

티투스 개선문의 장식.

'아치' 하면 로마!

돌이나 벽돌 등을 활이나 반달처럼 곡선 모양으로 쌓아 올린 건축 기술을 아치라고 해요. 로마 건축에서 널리 일반화되어 로마 건축을 상징하는 특징이 되었지요.

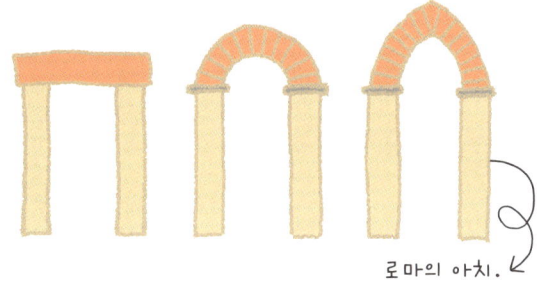

로마의 아치.

개선문의 아버지

로마에 현재 남아 있는 개선문 중 가장 오래된 것은 티투스 개선문이에요. 아치가 하나로 구성된 티투스 개선문은 81년 티투스가 사망한 다음 그의 뒤를 이어 황제로 즉위한 동생 도미티아누스의 명령에 따라 건설되었어요. 티투스가 70년 예루살렘을 함락시키고 유대 인의 반란을 진압했던 모습을 조각으로 꾸며 놓았어요.

로마의 개선문 삼총사

로마에는 3개의 이름난 개선문이 있어요. 티투스 개선문, 셉티미우스 세베루스 개선문, 콘스탄티누스 개선문이 그것이지요. 셉티미우스 세베루스 개선문은 203년에 로마 황제 셉티미우스 세베루스가 자신의 즉위 10년과 두 아들이 전쟁에서 승리한 것을 기념해 지은 것이에요. 콘스탄티누스 개선문은 312년에 콘스탄티누스 1세의 서로마 통일을 기념하여 원로원이 세워 315년 황제에게 바친 거예요.

셉티미우스 세베루스 개선문.

연관 검색 | 파리의 으리으리한 개선문

프랑스의 파리에 위치한 개선문은 에펠 탑과 함께 파리를 상징하는 대표적인 건축물이에요. 파리의 개선문은 나폴레옹이 전쟁에서 승리한 것을 기념하기 위해 만든 것으로, 로마 티투스 황제의 개선문을 그대로 본떠 만들었답니다.

▲ 에투알 개선문.

신의 도시
테오티우아칸 멕시코

테오티우아칸 문명
멕시코의 수도 멕시코시티에서 북서쪽으로 약 50킬로미터 떨어진 곳에 테오티우아칸이라는 유적지가 있어요. 테오티우아칸에서 발생한 문명은 기원전 2세기경 마야 문명과 함께 생겨나 멕시코 문명을 이끌었지요. 이후로 테오티우아칸에 여러 개의 피라미드와 도로 등이 건설되면서 전성기를 누렸어요.

갑자기 사라진 도시
그런데 테오티우아칸은 7세기경 갑자기 뚜렷한 이유 없이 몰락하고 말았어요. 그 이유에 대해서는 '성스러운 곳을 더럽히지 않기 위해 일부러 흙을 덮었다.', '불에 탄 흔적이 있는 것으로 보아 전쟁이나 화산 폭발로 불에 타서 사라졌다.' 등 여러 추측이 있어요.

태양의 피라미드

테오티우아칸 고대 도시의 태양의 피라미드는 2세기쯤 완성되었을 것으로 짐작해요. 밑변의 길이가 225미터, 높이 65미터에 이르는 거대한 규모이지요. 내부는 이집트 피라미드처럼 터널과 방들이 마치 미로처럼 이어져 있어요.

태양의 피라미드.

아스텍 사람들에겐 신의 도시

수백 년 동안 폐허 상태로 있던 테오티우아칸을 14세기경 아스텍 사람들이 발견했어요. 그들은 죽은 권력자를 신성한 곳에 묻으면 테오틀(신을 뜻하는 말)로 환생할 것이라고 믿었는데 이곳이 바로 테오틀이 묻힌 신성한 곳으로 생각했지요. 그래서 이곳을 '신의 도시'라는 의미의 '테오티우아칸'이라고 불렀어요.

테오티우아칸에서 발견된 가면.

달의 피라미드

달의 피라미드는 바닥 면의 한쪽 길이가 146미터이고, 높이는 46미터예요. 태양의 피라미드보다 크기는 좀 작지만 겉모습과 건축 양식이 비슷해요.

알고 보면 무시무시한 피라미드

테오티우아칸이나 마야 인들이 세운 피라미드는 사각뿔 모양으로 이집트 피라미드와 닮았지만 정상에는 네모난 모양의 신전이 있고, 피라미드 4면마다 중앙에 계단이 만들어져 있어요. 이집트 피라미드는 파라오의 무덤이었지만, 테오티우아칸이나 마야의 피라미드는 신에게 제사를 지내고 제물을 바치는 신전이었어요. 피라미드에서 사람을 제물로 바치기도 했지요.

테오티우아칸의 피라미드.

날개 달린 뱀, 케찰코아틀

아메리카의 고대 사람들은 여러 신을 섬겼는데 그중에서도 케찰코아틀이란 신을 가장 사랑했어요. 케찰코아틀은 '날개 달린 뱀'이란 뜻으로 실제로 케찰코아틀이 날개 달린 뱀의 모습을 하고 있어서 그렇게 부른 것이에요. 마야 인들은 케찰코아틀을 쿠쿨칸이라고도 불렀답니다.

마야 문명의 흔적을 찾아서
코판 마야 유적 온두라스

중앙아메리카 중부의 온두라스

온두라스는 중앙아메리카 중부에 있는 나라예요. 북미에서 남미를 연결하는 과테말라, 벨리즈, 엘살바도르, 온두라스, 니카라과, 코스타리카, 파나마 등 7개 국가 중 니카라과 다음으로 큰 영토를 가졌어요. 온두라스는 에스파냐 어로 '깊다'라는 뜻인데, 콜럼버스가 온두라스를 처음 발견할 당시 심한 고생을 한 끝에 닿은 곳이어서 지어진 이름이에요.

마야 인의 흔적이 남아 있는 코판

온두라스와 과테말라 사이의 국경에서 그리 멀리 떨어지지 않은 곳에 코판이라는 곳이 있어요. 코판은 독특한 고대 문명을 이룬 마야 인들의 흔적을 만날 수 있는 유적 중 하나이지요. 1980년에는 유네스코 세계 유산에 등록되었고요. 코판은 1570년에 디에고 가르시아 데 팔라시오가 발견했답니다.

코판 마야 유적의 모습.

마야 문명의 뛰어난 유물

코판 마야 유적은 아크로폴리스라고 불리는 대신전과 광장으로 이루어져 있어요. 아크로폴리스는 계단 형식의 피라미드로 만들어졌어요. 또 광장에는 마야 문명에서 가장 뛰어난 유물로 평가받는 인물상과 상형 문자, 정확한 달력이 새겨진 석상 등이 있어요. 특히 1,800개가 넘는 상형 문자가 새겨진 계단은 당시 과학과 수학의 수준을 짐작하게 하는 중요한 유적이에요. 마야 문명이 남긴 문자 자료 중 가장 긴 기록으로, 계단 자체가 역사책이라고 할 수 있어요.

상형 문자 계단.

마야 인들이 사용한 문자

마야 인들은 우수한 문명을 이루었던 사람들답게 문자를 만들어 사용했어요. 그들이 사용한 문자는 상형 문자였어요. 상형 문자는 그림 문자에 가까운 형태로 신성 문자라고도 불러요. 문자의 복잡하고 특별한 특징 때문에 해석되지 못하다가, 최근에서야 역법과 천문, 숫자와 역사적인 내용이 조금 해석되었지요.

또 한 곳의 마야 문명의 중심지 '티칼'

과테말라시티에서 북동쪽으로 300킬로미터 정도 떨어진 곳에도 티칼이라는 마야 유적이 있어요. 에스파냐의 한 선교사가 원주민에 쫓겨 도망가다가 우연히 티칼의 유적을 발견했어요. 티칼에서는 1956년~1970년 사이 본격적인 발굴 조사를 거쳐 세상에 모습을 드러내게 되었지요. 거대한 피라미드와 궁전, 구기장, 묘비 등 약 3,000여 점 이상의 건축물이 발견되었어요.

외계인이 만들었을까?
라파누이 국립 공원 칠레

커다란 땅, 라파누이

칠레 본토에서 서쪽으로 약 3,500킬로미터 떨어진 곳에 이스터 섬이 있어요. 해저 화산 폭발로 생긴 화산섬이지요. 이 섬의 원주민들은 이스터 섬을 '커다란 땅'을 뜻하는 '라파누이'라고도 불러요. 이스터 섬의 원주민들은 기원전 400년 무렵에 정착했어요. 그들은 폴리네시아 인들이었어요. 폴리네시아는 오세아니아의 수천 개 섬들을 일컫는 말이었어요. 폴리는 '많은', 네시아는 '여러 섬'을 뜻하지요. 폴리네시아 인들은 이스터 섬에 살면서 문명을 이루었고 10~11세기에 모아이라는 거대한 석상을 만들었어요. 이 석상은 죽은 왕이나 추장을 기리기 위해 만들었으며, 모아이 석상에 제사를 지냈을 거라 추측하기도 해요.

독특한 모습의 석상

모아이는 다리는 없고, 커다란 머리와 몸통만으로 이루어져 있어요. 또 좁은 이마, 높고 큰 코, 긴 귀, 턱을 내밀고 입술을 굳게 다물고 있는 모습이에요. 눈 부분에는 산호와 붉은 화산암이 박혀 있으며, 머리 부분에는 재질이 다른 모자 형태의 돌이 얹혀 있어요. 모아이 상의 키는 대부분 3.5~5.5미터, 무게는 평균 20톤이에요. 어떤 것은 키가 10미터, 무게가 90톤이나 나가기도 해요. 화산 활동으로 생긴 암석을 조각해 이처럼 거대한 석상을 만든 것이지요. 이스트 섬에는 모아이 상이 900개 이상 세워져 있었는데, 현재는 시간이 많이 흘러 여러 부분이 파괴되고 말았답니다.

독특한 모습의 모아이.

누가 어떻게 만들었을까?

많은 사람들은 모아이 석상을 두고, 아틀란티스의 후손들이 만들었다고 말하기도 하고, 이주한 잉카 인들, 또는 외계인이 만든 것이라고 주장하기도 해요. 하지만 폴리네시아 계통의 원주민들이 화산암을 깎아 만들고 밧줄과 통나무를 이용해 세웠을 것이라는 주장이 가장 가능성이 있는 설이랍니다.

모아이 석상의 일부 모습.

모아이와 마케마케 신

이스터 섬에는 모아이 석상과 관련된 전설이 있어요. 아주 오랜 옛날, 이스터 섬은 숲이 우거져 있었어요. 그러나 사람들이 모아이를 만들어 이동시키고, 배를 만들기 위해 너무 많은 나무를 베어 버렸어요. 나중에는 배를 만들 나무조차 남아 있지 않았지요. 사람들은 농사를 짓기 어려울 정도로 땅이 척박해지자 자신들을 굶주림에 허덕이게 만든 모아이를 부수기 시작했어요. 이후 살아남은 사람들은 새처럼 하늘을 날아서 이스터 섬을 탈출하고 싶어 했어요. 그래서 모아이 대신 새의 모습을 한 마케마케라는 신을 숭배했답니다.

이스터 섬의 마케마케 신 조각.

1000년에 걸쳐 지어졌어
둔황 석굴 중국

366년, 누군가 암벽을 파기 시작하다

중국 간쑤 성 서부, 당허 강 유역의 사막 지대에 둔황이라는 곳이 있어요. 이곳은 중국과 중앙아시아를 잇는 실크 로드의 관문으로 여러 문물이 오고가는 교역의 중심지였지요. 그런데 366년, 누군가 둔황 남쪽에 있는 명사산의 암벽을 파서 동굴을 만들기 시작했어요.

둔황 석굴은 어떻게 만들어졌을까?

중국의 승려였던 낙준은 수행을 할 장소를 찾아 다니다가 둔황 남쪽의 한 모래 산기슭에서 수행을 시작했지요. 그러던 어느 날, 낙준은 모래 산 절벽에서 환한 빛을 내는 1,000개의 황금 불상을 보았어요. 낙준은 그곳에 부처님을 모신 석굴 사원을 지었어요. 그 뒤로 100여 년이 흘러 많은 사람들의 손을 통해 1,000개의 사원이 만들어졌고, 낙준의 환상은 현실로 이루어졌답니다.

불상과 벽화가 있는 석굴 사원

남북 길이가 1.6킬로미터에 크고 작은 석굴이 2단, 3단, 4단으로 층을 이루며 늘어서고, 석굴 사원 중에는 불상이나 벽화가 있는 석굴도 500여 개나 되었어요. 둔황 석굴 곳곳에는 제작 시기가 다른 불교 미술품들과 여러 고문서들도 보관되었어요.

연관 검색 윈강 석굴과 룽먼 석굴

중국의 윈강 석굴과 룽먼 석굴도 유네스코 세계 문화유산으로 등록되어 있어요. 중국의 불교문화뿐 아니라 빼어난 건축, 조각, 예술을 엿볼 수 있는 곳이지요.

▲ 윈강 석굴.

▲ 룽먼 석굴.

700여 년 만에 세상에 알려지다

그러나 둔황은 몽골이 세운 원나라가 들어서고, 실크 로드를 통한 상인들의 왕래가 끊어지며 그 존재가 잊혀져 갔어요. 그대로 방치되고 말았지요. 그러다가 20세기 초 유럽의 탐험가들에 의해 다시 알려지게 되었고, 세계적인 석굴 사원 중 하나로 유네스코 세계 문화유산이 되었답니다.

둔황 석굴의 대표 석굴 제96호 석굴

둔황 석굴의 상징은 제96호 석굴이에요. 정면을 사원처럼 꾸며 놓아서 9층짜리 사원 건물처럼 보이기도 해요. 제96호 석굴 안에는 북대불이라는 가장 큰 불상이 안치되어 있어요. 불상의 높이가 33미터에 달하지요. 북대불이라고 부르는 이 불상은 흙과 나무, 석회로 만들었어요.

둔황 석굴의 제96호 석굴.

둔황 석굴에서 발굴한 책 《왕오천축국전》

1905년 프랑스의 탐험가이자 고고학자인 펠리오가 굴을 관리하던 중국 사람에게 앞장과 뒷장이 떨어져 나간 고문서를 구입했어요. 펠리오는 고문서의 내용에 대해 연구하다가 1908년에 그 고문서가 바로 《왕오천축국전》이라는 책이라는 것을 밝혀냈어요. 《왕오천축국전》은 신라 시대의 승려 혜초가 인도와 중앙아시아를 답사한 뒤 727년에 쓴 여행기였어요. 《왕오천축국전》은 현재 파리 국립 박물관에 보관되어 있답니다.

동굴에서 고문서를 조사하는 펠리오.

아기 예수가 태어난 곳
베들레헴 예수 탄생 교회

팔레스타인

"베들레헴 에브라다야"

성경에는 아기 예수가 태어나기 700년 전, 한 예언자가 "베들레헴 에브라다야, 너는 유다 족속 중에 작을지라도 이스라엘을 다스리는 자가 네게서 내게로 나올 것이라."는 예언을 했다는 내용이 담겨 있어요. '에브라다'는 '베들레헴'을 부르던 옛 이름이며, '베들레헴'은 아기 예수가 태어난 곳이지요. '베들레헴'이란 말은 히브리 어로 '빵집'이라는 뜻이에요. 베들레헴이 농사가 잘 되는 기름진 곳이어서 붙여진 이름이랍니다.

마구간에서 태어난 예수님

기원전 63년부터 이스라엘 백성들은 로마의 지배를 받게 되었어요. 로마 황제 아우구스투스는 인구 조사를 하기 위해 모든 지역의 사람들에게 새로 호적을 만들라는 명령을 내렸어요. 기원전 4년, 요셉과 마리아는 호적을 만들기 위해 그의 고향인 베들레헴으로 향했어요. 당시 마리아는 임신을 한 상태였지요. 요셉과 마리아가 베들레헴에 도착했을 때에는, 각 지방에서 많은 사람들이 찾아와 몰려 있었어요. 작은 마을 베들레헴에는 요셉과 마리아가 묵을 빈 방이 하나도 없었지요. 요셉과 마리아는 할 수 없이 여관 뒷마당에 있는 허름한 마구간에서 하룻밤을 보냈어요. 그런데 그날 밤, 마리아는 마구간에서 아기를 낳았어요. 이때 태어난 아기가 바로 예수랍니다.

모든 크리스트교인의 성지

예수 탄생지는 모든 크리스트교인의 성지이므로 가톨릭과 그리스 정교회, 프란체스코 수도회와 아르메니아 정교회 등이 함께 관리해요. 가톨릭 성탄절인 12월 25일과 정교회의 성탄절인 1월 7일에는 각각 축하 행사가 열려요.

예수 탄생 교회 안의 모습.

예수가 탄생한 곳에 교회가 세워지다

로마 황제 하드리아누스는 크리스트교를 박해했어요. 심지어 예수가 태어난 자리에 그리스 신화 속 아도니스 신의 신전을 세웠어요. 그러나 326년, 비잔틴 제국 콘스탄티누스 황제의 어머니 헬레나가 신전을 허물고 교회를 짓게 했지요. 하지만 이 교회는 화재로 훼손되었고, 지금의 교회는 565년 비잔틴 제국의 유스티니아누스 1세 때 다시 지어진 것이랍니다.

예수 탄생 교회.

팔레스타인의 첫 번째 세계 문화유산

팔레스타인은 지중해와 요르단 강 사이의 땅과 그 인근 지역을 일컫는 여러 지명 가운데 하나예요. 현재 이스라엘 영토와 팔레스타인 자치 정부 구역(요르단 강 서안 지구 및 가자 지구) 일대를 가리켜요. 팔레스타인은 현재 독립 국가로 인정받지 못하고 있지만, 국가로 인정받기 위한 노력을 기울이고 있지요. 2011년 10월 31일에는 유네스코로부터 정회원 국가 지위를 인정받았고, 2012년에 베들레헴 예수 탄생지를 유네스코 세계 문화유산에 등록했어요. 예수 탄생 교회의 문화유산 지정이 팔레스타인과 이스라엘의 공동 신청 방식으로 이뤄져야 한다고 주장했던 이스라엘은 유네스코에 불편한 감정을 나타내기도 했어요.

동양과 서양이 만나는 곳
이스탄불 역사 지구 터키

비잔티움에서 콘스탄티노플로, 그리고 이스탄불로 불리기까지

이스탄불은 기원전 660년 무렵 그리스의 식민 도시로 세워져 '비잔티움'으로 불렸고, 330년에는 로마 제국의 콘스탄티누스 황제가 제2의 로마로 삼아 '콘스탄티노플'이라고 불렀어요. 395년, 로마 제국이 동로마와 서로마로 분리되면서 콘스탄티노플은 동로마의 수도가 되었어요. 1453년에 오스만투르크가 이곳을 점령한 뒤부터 지금까지 '이스탄불'로 부르고 있어요.

비잔틴 문화의 상징, 성 소피아 성당

성 소피아 성당은 유스티니아누스 1세가 당시 최고의 건축가와 수학자를 총동원하여 537년에 완성한 것이에요. '성스러운 지혜'를 뜻하는 이름으로 하기아 소피아라고 불리기도 했지요. 성 소피아 성당은 돔으로 된 천장과 아치형 창, 내부 벽면의 모자이크 등 당시 세계에서 가장 크고 아름다운 성당이었어요.

성 소피아 성당의 내부 모습과 모자이크.

성 소피아 성당에 덧칠한 이슬람 미술

성 소피아 성당은 오스만투르크가 동로마 제국을 정복하면서, 이슬람 사원인 모스크로 쓰이기도 했어요. 오스만투르크는 이슬람교를 믿었기 때문이에요. 성당 내부의 모자이크와 성모 마리아 벽화 등 크리스트교 상징물들 위에 석회를 덧칠했어요. 그리고 이슬람교의 경전 코란과 금문자 문양을 넣어 이슬람 사원으로 사용했어요.

성 소피아 성당이 모스크로 쓰였을 때의 그림.

성당과 모스크의 모습이 함께

1923년 터키 공화국이 수립되고 성 소피아 성당의 복원 공사가 벌어졌어요. 내부의 석회 칠을 벗겨 내고 어느 정도 본래의 모습을 찾아서 1935년부터는 박물관으로 공개했어요. 성당으로서의 모습과 모스크로서의 모습을 함께 볼 수 있지요.

비잔틴 양식이란?

비잔틴 양식이란 비잔티움에서 발전시킨 미술 양식으로 크리스트교 문화 위에 그리스, 로마, 페르시아 등 동방의 문화를 결합한 것이라고 할 수 있어요. 특히 교회 건축에 널리 사용되었는데 돔으로 된 지붕, 모자이크 벽화, 아치 모양의 건물 형태가 특징이에요.

| 연관 검색 | 이스탄불의 또 하나의 유적 술탄 아흐메트 사원 |

이스탄불에는 또 하나의 훌륭한 건축물이 있어요. 바로 술탄 아흐메트 사원이에요. 성 소피아 성당과 무척 닮은 모습이지만, 성 소피아 성당보다 1000년 뒤에 지어진 건물이에요. 당시 터키를 지배하던 술탄 아흐메트 1세에 의해 지어졌는데 내부 벽이 2만 2,000장의 파란색 타일로 만들어져 '블루 모스크'라 불리기도 해요. 이슬람 문화와 예술을 대표하는 이스탄불의 또 하나의 소중한 유적이에요.

▲ 이스탄불의 술탄 아흐메트 사원.

일본의 국보급 보물이 가득!
호류 사 일본

나라에 세워진 불교 건축물

호류 사는 쇼토쿠 태자가 나라 지방에 세운 사찰이에요. 쇼토쿠 태자는 6세기 무렵 천황을 대신해 정치를 하며 한반도의 고구려, 백제와 교류하며 불교를 받아들였어요. 불교 신자가 된 쇼토쿠 태자는 불교를 널리 퍼뜨리기 위해 601년~607년에 걸쳐 나라 지방에 호류 사라는 절을 세웠어요. 호류 사는 670년에 불에 타서 사라졌다가 711년, 중심 건물인 금당 등이 다시 지어졌어요.

호류 사 입구.

호류 사의 중심 건물 금당

호류 사의 금당은 현재 일본에 남아 있는 가장 오래된 목조 건축물이에요. 금당은 서쪽에 있는 건축물로 석가모니 불상을 모시는 대웅전과 같은 곳이지요.

호류 사의 5층 석탑.

불에 타 사라진 담징의 금당 벽화

1949년 1월, 금당의 내부 공사 중에 전기를 부주의하게 다루어 호류 사에 불이 났어요. 이 화재로 인해 담징이 그렸다는 금당 벽화가 훼손되고 말았지요. 일본은 이 사건으로 충격을 받아 문화재 보존법을 만들었고, 일본의 화가들이 담징이 그린 벽화를 본떠 복원했어요.

동양 3대 미술품 중 하나

호류 사 금당은 중국의 불교가 한반도를 거쳐 일본에 전해졌음을 보여 주어요. 금당의 벽화는 고구려 승려인 담징이 그렸던 것으로 동양의 3대 미술품 중에 하나로 꼽히지요. 동양의 3대 미술품은 중국의 윈강 석굴, 신라의 석굴암, 호류 사의 금당 벽화랍니다.

연관 검색 | 한반도에서 일본으로 전해진 것들

- 고구려 : 종이, 먹, 기와.
- 신라 : 책 만드는 기술, 음악, 토기 만드는 기술.
- 백제 : 책, 옷 만드는 기술, 천문, 지리, 역법.

호류 사에 있는 국보급 보물

호류 사 곳곳에 세워진 20여 개의 건물은 일본의 국보로 지정되어 있어요. 호류 사는 금당의 약사여래상, 석가삼존불상, 아미타삼존불상 등의 불상이 있고, 금당 4벽의 4불정토도 등 수백 점의 고미술품이 소장되어 있지요. 그중에 금당 벽화는 610년에 고구려의 담징이 그린 것이며, 목조 백제 관음상은 백제인이 제작한 것으로 알려졌어요. 또한 2,563마리 비단벌레의 날개로 만든 다마무시즈시라는 미술품이 유명한데 이것 역시 고구려나 백제 출신이 일본에 건너가 제작한 것으로 짐작해요. 금당이라는 건물 자체도 백제 건축의 영향을 받은 건축물이고요.

아름다운 건축물을 만날 수 있는
교토 역사 기념물 일본

일본 1000년의 역사를 간직한 도읍지

교토는 헤이안 시대인 794년부터 약 1000년 동안 일본의 수도였어요. 중국 당나라의 수도인 장안을 본보기 삼아 건설했지요. 교토에는 일본 목조 건축의 발전을 보여 주는 여러 유적이 있어요. 유적은 사찰, 신사, 성 등 모두 17곳인데, 3곳은 시내에, 나머지 14곳은 시 외곽에 있어요. 대표적인 유적으로는 킨카쿠 사, 교토고고쿠 사와 다이고 사 사찰, 니조 성, 가모미오야 신사 등이 있지요. 교토는 8세기에서 17세기까지 일본의 종교 건축과 일반 건축, 정원 설계의 진화를 보여 주는 주요 중심지였어요. 교토 유적들을 통해 일본 고대에서 중세까지의 역사와 문화를 알 수 있답니다.

킨카쿠 사

↳ 킨카쿠 사.

킨카쿠 사는 1397년 쇼군인 아시카가 요시미쓰가 자리에서 물러난 후 별장으로 쓰기 위해 지었어요. 나중에는 선불교 사원으로도 쓰였답니다. 킨카쿠 사의 정자는 금박으로 덮여 있는데, 지붕에는 금색의 봉황이 장식되어 있어요.

| 연관 검색 | 헤이안 시대의 무사 |

헤이안 시대의 귀족들은 토지를 서로 빼앗고 지키는 일이 아주 중요했어요. 그래서 자신의 토지를 지켜 줄 사람들이 필요했지요. 이때, 귀족들의 토지를 지키기 위해 무기를 든 사람들이 바로 무사였어요. 무사들은 무예, 무술을 했던 사람들로 점점 군사 집단이 되어 갔고요. 이렇게 생긴 무사 계급은 중세 일본을 상징하는 계급이 되었답니다.

다이고 사

다이고 사는 874년경 세워졌어요. 교토에서 가장 오래된 목조 건축물이자, 일본의 국보인 5층 탑이 있는 절이지요. 절에는 수많은 국보와 중요 문화재가 소장되어 있어요. 또, 벚꽃이 흐드러지게 피는 명소로 알려져 있기도 해요.

다이고지 5층 탑.

니조 성

1603년경, 도쿠가와 이에야스가 세운 성이에요. 실제로 도쿠가와 이에야스가 머물기도 했지요. 성에는 '우구이수바리'라는 마루가 있는데, 이 마루는 누군가 마루 위를 걸으면 새 울음소리와 같은 삐걱거리는 소리가 나도록 만들었어요. 때문에 이 소리로 침입자를 막을 수 있었지요.

니조 성.

가모미오야 신사

시모가모 신사라고도 불리는 가모미오야 신사는 교토 시에 있는 오래된 신사예요. 일본 고유의 종교인 신도의 신들에게 제사 지내기 위해 세워진 건물을 신사라고 불러요. 가모미오야 신사는 고대 가모 씨의 씨족 신을 모시는 신사이고요.

교토고고쿠 사

796년, 나라를 수호하는 사찰로 세워졌어요. 도사라고도 불러요. 화려한 조각으로 장식된 남대문, 도요토미 히데요시가 재건한 웅장한 규모의 본당과 일본에서 가장 높은 목조 불탑인 5층 탑이 유명하답니다.

교토고고쿠 사.

85

100만 개의 돌덩이로 쌓아 올린
보로부두르 인도네시아

세계 최대의 섬나라 인도네시아

인도네시아는 서쪽의 인도양과 동쪽의 태평양 사이, 적도 부근에 위치해 있어요. 아시아 대륙과 오세아니아 대륙을 연결하는 중간 지대로 1만 7,000개 이상의 섬들로 이루어진 세계 최대의 섬나라이지요.

동남아시아의 강력한 해상 제국

8세기, 동남아시아의 강력한 해상 제국이었던 샤일렌드라 왕국은 자바 섬 들판 한가운데 둥근 언덕을 만들고 '보로부두르'라는 거대하고도 독특한 모양의 사원을 건설했어요. 보로부두르 사원은 1만 2,000미터의 거대한 규모에 100만 개의 돌덩이를 이용해 쌓아 올린 8층 사원이에요. 동남아시아에 세워진 세계 최대 불교 유적으로 모양이 매우 독특하고 불상과 부도, 장식을 조각한 솜씨가 매우 뛰어나요. 아랫단 5층은 사각형으로 위쪽으로 올라갈수록 크기가 조금씩 작아지고, 위쪽 3층은 원 모양이에요. 피라미드와도 비슷해 보이는 독특한 모습이지요.

순례자들이 기도하는 모습.

뛰어난 미술품이 새겨진 벽면

사원의 사각형 단에는 벽면을 따라 수많은 조각이 새겨져 있어요. 인생의 교훈이 되는 이야기, 석가모니의 일대기, 식물, 나무, 동물, 평범한 사람들의 모습 등 다양한 조각을 찾아볼 수 있어요.

벽면에 새겨진 조각.

종처럼 생긴 스투파

원 모양으로 이루어진 윗부분에는 조각 대신 스투파 72개가 세워져 있어요. 이 스투파들은 종과 비슷하게 생겨서 종 모양 스투파라고 부르기도 해요. 원래 스투파는 업적이 뛰어난 스님들의 유골을 보관하는 곳이에요. 그런데 보로부두르 사원 위쪽 단에 세워진 스투파에는 부처님의 사리나 고승의 유골 대신 자비로운 불상이 모셔져 있어요.

보로부두르의 스투파.

다시 태어난 세계 문화유산

9세기 초에 세워진 보로부두르 사원은 샤일렌드라 왕조 때 세웠다는 것 외에는 누가 왜 건설했는지, 공사 기간이나 동원된 노동자는 얼마나 되었는지 그 어떤 자료도 남아 있지 않았지요. 더구나 12세기에 버려진 뒤 1814년에 다시 발견해 낼 때까지 화산재 속에 묻혀 방치되어 있었거든요. 1973년, 유네스코에서 27개국으로부터 협조를 받아 본격적인 복원 사업을 펼치게 되었고, 10년에 걸쳐 복원 공사를 진행한 끝에 오늘날의 모습을 찾게 되었어요.

1980년경의 보로부두르 사원.

이 길을 걸으며 야고보를 기억해
산티아고 데 콤포스텔라

에스파냐

야고보의 순교

예수는 십자가에 못 박혀 죽음을 당한 뒤, 부활했어요. 그러고는 12명의 제자들에게 나타나 땅끝까지 복음을 전하라고 했지요. 제자들 중 한 명인 야고보는 지중해를 따라서 서쪽으로 항해한 끝에 이베리아 반도, 즉 에스파냐 땅까지 복음을 전한 후에 예루살렘으로 되돌아왔어요. 그러나 야고보는 크리스트교인을 탄압하던 이스라엘의 헤롯 왕에게 붙잡혀 죽임을 당하고 말았어요. 야고보를 따르던 제자들은 시신을 거둔 뒤 그가 복음을 전했던 이베리아의 어딘가에 그를 묻었어요. 그리고 이 일은 사람들 기억에서 잊혀졌지요.

별빛이 가르쳐 준 야고보의 무덤

세월이 흘러 813년 무렵, 어느 들판에서 한 수도사가 별빛의 인도를 받아 야고보의 무덤을 발견했어요. 사람들은 그곳을 '야고보가 잠든 별의 들판'이라는 에스파냐 어 이름을 붙여 '산티아고 데 콤포스텔라'라고 불렀어요.

알브레히트 뒤러, 〈성 야고보의 순교〉.

크리스트교의 성스러운 장소

당시 에스파냐 북서부 지방을 다스리던 아스투리아스 왕국의 국왕 알폰소 2세는 야고보의 무덤 위에 야고보를 기리는 대성당을 짓도록 했어요. 1189년에는 교황 알렉산더 3세가 예루살렘, 로마와 함께 산티아고 데 콤포스텔라를 성스러운 곳으로 선포했답니다.

산티아고 대성당.

야고보의 길

산티아고 데 콤포스텔라에는 크리스트교인들은 물론 예술가, 시인, 학자, 상인 등 다양한 사람들이 찾아왔어요. 특히 크리스트교 인들은 프랑스에서 피레네 산맥을 넘어서 오는 긴 길을 걸으며 야고보의 신앙을 되새겼고 이 길을 산티아고의 길 즉 '야고보의 길'이라고 불렀지요.

순례자들의 여권이라고 불리는 크레덴시알.

산티아고의 상징 조개껍데기

야고보의 무덤으로 향하는 순례길인 산티아고 길은 피레네 산맥 근처에서 시작해 총 800킬로미터예요. 모든 갈림길마다 노란 화살표와 조개껍데기로 방향을 표시해 주어 길을 걷는 이들을 도와주지요. 산티아고의 상징이기도 한 이 조개껍데기는 야고보의 시신이 에스파냐에 도착했을 때 그의 몸을 덮어 보호하고 있었어요.

연관 검색 | 에스파냐의 정신적 지주 야고보

이슬람 세력인 옴미야드 왕조가 이베리아를 반도를 침략했어요. 이에 크리스트교를 믿던 이베리아의 왕국 사람들은 이슬람 세력에 저항했지요. 그러던 중 844년에 이슬람 군에 대항하는 전투가 벌어졌는데 그때 야고보가 나타나 에스파냐 군사들이 이슬람 군대를 무찌르는 데 용기와 도움을 주었다는 말이 전해졌고, 야고보는 에스파냐 국민들의 정신적인 지주가 되었어요.

▲ 귀도 레니, 〈성 야고보〉.

아프리카에 이슬람 도시가?
페스 메디나 모로코

모로코에 세력을 뻗친 이슬람 왕조

모로코 땅에는 원래 북동아프리카에서 온 베르베르 족이 살고 있었어요. 그러다 680년경 이슬람 세력에게 점령당했고, 많은 베르베르 족들이 이슬람교를 믿게 되었지요. 8세기 말에는 이슬람의 이드리스 왕조가 모로코에 처음으로 나라를 세웠어요. 페스는 이드리스 2세가 건설한 도시로 이드리스 왕조의 수도였고요. 그 뒤로 여러 이슬람 왕조가 모로코를 다스리다가 유럽 열강의 진출로 에스파냐와 프랑스의 지배를 받기도 했어요.

1200년 전의 이슬람 도시

페스의 메디나에는 이슬람 고등 교육 기관인 마드라사, 이슬람 숙박 시설인 폰두크, 왕궁, 주거지, 모스크, 분수가 밀집해 있어요. 이드리스 2세가 세웠던 당시 수도의 모습과 크게 다르지 않아요. 이런 메디나의 모습은 아프리카는 물론 에스파냐의 안달루시아 지방 등 여러 지역의 건축물과 예술품, 도시 계획에 큰 영향을 미쳤지요.

세계적인 미로 도시

페스의 메디나는 복잡한 미로로 유명해요. 미로의 수가 9,000개나 되지요. 이슬람 세계에서는 일반적으로 외적의 침입을 막기 위해 복잡한 미로로 도시를 설계했어요. 그러나 페스의 메디나처럼 규모가 크고 원래의 모습을 잘 간직하고 있는 곳은 드물어요. 메디나는 미로처럼 얽힌 골목으로 차가 다닐 수 없어서 지금도 당나귀가 짐을 실어 나르는 모습을 쉽게 볼 수 있어요.

메디나의 도시 풍경.

중세 이슬람 도시를 구경하고 싶다면?

페스의 메디나는 모로코의 다른 도시들과 달리 중세 이슬람 도시의 모습을 지금도 그대로 간직하고 있어요. 복잡한 미로, 다닥다닥 붙은 집들, 좁은 골목에서 짐을 나르는 당나귀, 눈만 드러낸 채 온몸을 가린 여인들, 마치 영화나 그림 속의 이슬람 도시를 보는 듯하지요. 만약 과거 이슬람 도시의 풍경이 보고 싶다면 메디나로 떠나 보세요.

연관 검색 사우디아라비아의 '메디나'

610년 무렵에 알라의 계시를 받고 이슬람교를 창시한 무함마드는 메카에서 세력을 키웠어요. 그러나 메카의 지배층은 무함마드의 이슬람 세력을 박해했고, 결국 그는 신도들을 이끌고 622년에 메카에서 사우디아라비아의 메디나로 도피하게 되지요. 이슬람교에서는 이를 '헤지라'라고 하여 이슬람교의 시작으로 삼고 있지요.

▲ 순례자들이 기도하는 모습.

메디나의 골목 풍경.

힌두교의 3대 신과 함께해
프람바난 인도네시아

자바 섬의 힌두교 사원

인도네시아 자바 섬 중부에 동남아시아에서 가장 큰 규모의 힌두교 사원이 있어요. 바로 프람바난 사원이지요. 프람바난 사원은 동남아시아의 문화와 힌두교 문화를 잘 보여 주는 뛰어난 종교 건축물이에요. 9~10세기 무렵에 지어진 것으로 크고 작은 찬디 200여 개로 이루어져 있어요. 찬디란 석탑 모양의 사원을 말한답니다.

힌두교 3대 신을 모신 사원

200여 개의 찬디 중에서도 힌두교 3대 신을 위해 지은 3개의 찬디가 중심이 되어요. 3대 신은 각각 파괴의 신 시바, 창조의 신 브라마, 유지의 신 비슈누가 있어요. 또한 힌두교의 3대 신을 모신 신전 앞에는 신들이 교통수단으로 이용했던 동물을 모신 작은 신전들도 있지요. 그 배치에 따르면, 최고의 신인 시바 신은 소를 타고 다니고, 브라마 신은 백조를, 비슈누 신은 독수리를 타고 다녔다고 해요.

춤추는 시바 신의 청동 조각.

시바 신을 모시는 사원.

와르르 무너졌던 프람바난 사원

200여 개가 넘는 찬디로 이루어진 프람바난 사원은 16세기에 화산 폭발과 큰 지진으로 무너져 내리고 말았어요. 그 뒤 200년 넘도록 방치되었다가 1918년 인도네시아 정부에 의해서 복원 작업이 시작되었지요. 그리고 200여 개 중에 20여 개가 다시 세워졌어요. 지금까지 복원된 신전은 20여 개에 불과하며 복원되지 못한 나머지 작은 신전들은 아직도 프람바난 사원 주위에 돌무더기들로 쌓여 있어요.

붕괴된 프람바난 사원의 모습.

인도에서 전해진 힌두교

힌두교는 인도의 브라만교와 인도의 민간 신앙인 다신교 및 불교가 섞여 발전한 종교예요. 생명을 소중히 하고, 죽어도 영혼은 사라지지 않으며 다시 환생한다는 사상이 기본을 이루고 있어요. 또, 힌두교를 믿는 사람들은 소를 시바 신이 타고 다니는 신성한 동물로 귀하게 여긴답니다. 그래서 절대 소고기를 먹지 않아요.

시바 신이 타고 다니는 난딘을 숭배하는 힌두교인.

1,000번째 찬디가 된 공주 이야기

옛날 인도네시아에 반둥이라는 왕자가 살았어요. 그는 마력을 지닌 인물로 이웃 나라 왕을 살해하려고 왕궁에 몰래 침입했어요. 그러나 왕자는 왕궁에서 라라 종그랑이라는 아름다운 공주를 보고 첫눈에 반했어요. 왕자는 공주에게 청혼했지만, 공주는 거절의 뜻으로 하룻밤 안에 천 개의 찬디를 쌓는다면 결혼을 허락하겠다고 했지요. 반둥은 악마들을 불러내어 순식간에 천 개의 찬디를 쌓게 했어요. 그러나 공주는 사람들을 시켜 몰래 한 개의 찬디를 허물었어요. 왕자는 이 사실을 알고는 화가 나서 공주를 돌로 만들어 버려 1,000번째의 찬디로 삼았어요. 이 지역 사람들은 이 전설 때문에 프람바난에 세워진 사원을 라라 종그랑 사원이라고 불렀어요.

신비로운 마야 문명을 찾아라!
치첸이트사 멕시코

중앙아메리카에 등장한 마야 인들

기원전 200년 무렵, 중앙아메리카 과테말라와 멕시코 남동부 유카탄 반도 지역에 마야 인들이 살았어요. 마야 인들은 여러 지역에 도시를 세우고 건축과 천문, 수학 등에서 놀라운 업적을 이루어 냈지요. 마야 인들이 세운 도시 중에는 유카탄 반도 내륙에 있는 치첸이트사라는 곳이 있었어요. 치첸이트사는 400년~600년 무렵에 전성기를 이루다가 700년 무렵에 갑자기 쇠퇴했지요. 그 뒤 300년이 지난 1000년 무렵에 마야의 한 부족인 이트사 족이 치첸이트사에 돌아왔고, 이곳에서 살던 톨텍 족과 함께 다시 도시를 발전시켰어요.

알 수 없는 이유로 폐허가 된 도시

그런데 1400년 무렵 치첸이트사는 갑자기 폐허가 되고 말았어요. 기근이나 내전이 일어나 멸망했다는 주장도 있지만 아직까지 치첸이트사가 갑자기 폐허가 된 정확한 이유를 알 수 없지요. 그리고 시간이 지난 뒤, 치첸이트사는 1533년 에스파냐 정복자들에 의해 다시 세상에 모습을 드러냈답니다.

마야 문명의 유적

엘 카스티요 피라미드

치첸이트사에 엘 카스티요라는 피라미드가 있어요. 엘 카스티요는 에스파냐 어로 요새라는 뜻이지요. 9층 계단식 건물로 전체 높이는 24미터이며, 정상을 향하여 45도 각도로 지어져 있어요. 정상에는 '쿠쿨칸 신전'이 있고요. 그래서 쿠쿨칸 피라미드라고 부르기도 하지요. 이 피라미드는 쿠쿨칸이라는 신을 위해 지어진 신전이지만 그 자체가 달력인 건축물이기도 해요. 동서남북으로 4면에 각각 91개의 돌계단이 있고 돌계단의 숫자를 모두 합하면 364, 여기에 정상의 쿠쿨칸 신전 제단까지 합하면 365가 돼요. 1년의 날수를 나타낸 것이지요. 그리고 9층으로 이루어진 동서남북의 큰 돌계단을 모두 합하면 36개인데 이것을 둘로 나누면 18개가 되어요. 마야력에서 1년이 18개월인 것과도 일치해요.

엘 카스티요 계단의 뱀 조각.

엘 카라콜 천문대

치첸이트사에는 높이가 22.5미터나 되는 천문대도 있었어요. 에스파냐 정복자들이 돔을 올린 중앙 탑의 원형 디자인과 나선형 계단을 보고 '달팽이'라는 뜻의 '엘 카라콜'이라는 별명을 붙였지요.

엘 카라콜 천문대.

제물을 바치기 위한 무시무시한 경기

쿠쿨칸 신전 북쪽에는 대형 경기장 유적도 있었어요. 선수들이 각 팀을 이루어 고리 모양의 골대에 공을 넣는 경기였지요. 이 경기는 풍년을 기원하는 종교 의식 중 하나였다고 추측해요. 이 경기는 승패에 따라서 선수가 산 제물이 되기도 했는데, 제물로 바쳐지는 사람이 이긴 팀인지 진 팀인지에 대해서는 학자들마다 의견이 다르답니다.

고리 모양의 골대.

마야 인은 외계인?

마야 문명의 전성기 때 유적지 중 팔랑케라는 곳이 있어요. 팔랑케에도 피라미드와 여러 건축물이 남아 있었지요. 그중에 683년에 죽은 파칼 왕의 묘에서 발견된 관 뚜껑은 세상을 깜짝 놀라게 했어요. 사람이 불꽃을 내뿜는 기계를 타고 날아가는 모습이 그려져 있었기 때문이에요. 그래서 사람들은 혹시 이 그림을 그린 것이 외계인이 아닐까 생각하기도 했어요. 그러나 최근 고고학자들은 그림에 그려진 것은 우주 비행선이 아니라 하늘, 땅, 죽음과 관련된 종교적인 내용의 그림으로 짐작하고 있답니다.

연관 검색 | 20진법을 사용한 마야 인들

마야 문명을 이룬 사람들은 수학 실력이 뛰어났어요. '0'의 개념을 알았고, 20진법을 썼으며, 막대기의 점 모양으로 숫자를 나타냈어요. 뛰어난 수학 실력으로 천문학을 발달시켜 태양력에서 1년은 365.2420일로, 오늘날의 365.2422일과 비교해 오차가 거의 없어요. 20진법은 1~20까지의 수를 기본 단위로 계산하는 것이에요. 그래서 1년을 18개월로 하여 마지막 달에 5일을 추가해 365일로 계산했지요. 이 마지막 5일은 불길하고 이름 없는 날이라고 여겨 신들에게 제물을 바치고 기도를 했어요.

땅과 하늘 사이에 떠 있는
몽생미셸 프랑스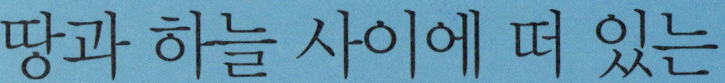

천사의 계시로 지은 교회

8세기경 어느 밤, 오베르 신부의 꿈에 대천사 미카엘이 나타났어요. 미카엘은 주변 언덕 위에 교회를 지으라고 명령했지요. 오베르 신부는 단지 꿈이라고 생각하고 이를 지나쳐 버렸어요. 그런데 다시 꿈에 미카엘이 나타나 손가락으로 그의 이마를 짚으면서 다시 성당을 지으라는 명령을 했어요. 때마침 땅이 가라앉고 바다가 범람하더니 숲은 사라지고 몽생미셸과 토브렌이라는 두 개의 바위섬이 솟아났어요. 진짜같이 생생한 꿈을 꾼 오베르 신부는 두 섬 중 몽생미셸 섬의 꼭대기에 성당을 짓기 시작했어요. 몽생미셸은 프랑스 말로 '성 미카엘의 산'이란 뜻이에요.

한 폭의 그림같은 몽생미셸

몽생미셸은 산의 모습도 아니고, 바다에 떠 있는 섬의 모습도 아닌 독특하고도 신비한 모습이에요. 썰물 때에는 땅과 연결되지만, 밀물 때에는 바다에 잠겨 버리거든요. 자연 그대로에 몽생미셸이 함께 어울려 있지요. 몽생미셸을 멀리서 보면, 마치 땅과 하늘 사이에 떠 있는 것처럼 보여요.

간조 때 몽생미셸의 모습.

중세를 대표하는 수도원

996년, 노르망디 공작 리처드 1세는 베네딕트회 수도사에게 성당이 있던 곳에 수도원을 세워 달라고 의뢰했어요. 이후 수 세기에 걸쳐 고쳐 지어졌고요. 몽생미셸은 가톨릭의 대표적인 순례지가 되었어요. 순례지란 종교의 발생지나, 성인의 무덤 등 종교적인 의미가 있는 곳을 말해요.

천사들의 우두머리 '미카엘'

미카엘은 크리스트교에서 말하는 대천사장, 즉 천사들의 우두머리예요. '하느님과 같은 자는 누군가'라는 뜻이며 성경에서는 용의 형상을 한 사탄과의 싸움에서 사탄을 밀어 내는 천사로 그려져 있어요.

10세기경, 몽생미셸을 그린 그림.

미카엘의 조각상.

한때는 감옥이었다고?

백 년 전쟁이 일어난 14세기에는 몽생미셸에 방어용 벽과 탑을 쌓아 요새화시켰어요. 1791년에는 감옥으로 사용하기도 했고요. 1863년에는 폐쇄되었으나, 오늘날에는 다시 수도원으로 사용하고 있어요.

| 연관 검색 | 미카엘에서 비롯된 이름들 |

- 영어 : 마이클(여성은 미셸)
- 에스파냐, 포르투갈 어 : 미겔
- 프랑스 어 : 미셸
- 독일어 : 미하엘
- 러시아 어 : 미하일
- 아랍 어 : 미카일

1000년의 도시, 프라하

중부 유럽에 위치한 체코는 북쪽으로 독일, 폴란드, 서쪽으로는 독일, 남쪽으로는 동쪽으로는 슬로바키아와 국경을 접하고 있어요. 체코의 수도, 프라하는 체코 정치·경제·문화의 중심 도시이지요. 역사 또한 유럽의 여러 도시들에 뒤지지 않아요. 또, 1000년에 가까운 역사와 함께 도시 전체가 아름다운 건축물들로 채워져 있답니다.

프라하 도시 풍경.

유럽 건축 양식이 한 데 모여 있어!

프라하 성은 프라하 1000년의 역사를 가장 잘 보여 주는 유적이에요. 9세기 말부터 건설되기 시작해 궁전과 교회, 성당 등이 어우러져 지어졌어요. 시대의 흐름에 따라 로마네스크 양식, 고딕 양식, 르네상스 양식, 바로크 양식이 보태져 유럽 건축 양식의 역사를 한눈에 볼 수 있어요.

유럽의 중심이었던 프라하

프라하는 1346년 카를 4세가 신성 로마 제국의 황제에 오르며 크게 발전했어요. 카를 4세가 신성 로마 제국의 황제로 있을 때, 프라하는 신성 로마 제국의 수도가 되어 유럽 문화의 중심과 정치적 중심이 되었지요. 신성 로마 제국이란 서로마 제국이 멸망한 후, 3개의 왕국으로 나누어졌던 프랑크 왕국 중, 동프랑크 지역을 중심으로 962년부터 1806년까지 존재했던 독일 제국의 정식 명칭이에요.

프라하의 봄

체코는 1918년 오스트리아-헝가리 제국이 해체되면서 보헤미아·모라비아·슬로바키아·루테니아 지방이 합쳐져 단일 국가인 체코슬로바키아 공화국이 되었어요. 이때 체코슬로바키아 공화국은 제2차 세계 대전 후 사회주의 국가인 소련을 따르는 위성 국가였는데 1968년에 소련 공산당의 간섭과 공산주의 체제에서 벗어나려는 민주 자유화 운동이 프라하를 중심으로 일어났어요. 이때 잠시 자유화의 시기를 맞았는데 이를 '프라하의 봄'이라고 해요. 그러나 소련군의 불법 침입으로 프라하의 봄은 막을 내리고 말지요. 체코슬로바키아는 1992년 자유민주주의 체제의 국가가 되었다가 1993년 1월 1일 체코와 슬로바키아, 두 개가 공화국으로 분리, 독립되었어요.

체코슬로바키아 침공을 비난하는 헬싱키 시위.

오스트리아의 지배 아래 있던 체코의 독립을 위해 노력했어. 사람들은 나를 체코의 국민 작곡가라고 하지. 〈나의 조국〉이란 교향시가 대표작이야.

스메타나.

여자들은 못 가!
아토스 산 그리스

신비롭고 아름다운 산
그리스, 칼키디키 반도의 동남쪽 끝자락에는 아토스 산이 있어요. 아토스 산은 해발 2,033미터 정도예요. 길이가 45킬로미터, 폭이 5킬로미터인 이 작은 반도에는 그리스에서 가장 다양한 나무와 꽃과 풀이 자라고 있지요.

아토스라는 이름의 유래
아토스 산에는 흥미로운 전설이 있어요. 신들과 거인 족이 치열한 전투를 벌일 때였어요. 트라키아의 거인 족 가운데 하나인 아토스가, 바다의 신 포세이돈에게 던진 바위가 아토스 산이 되었다는 전설이에요. 또 다른 전설에서는 포세이돈이 쓰러진 거인을 이 바위산 밑에 묻었다고도 하고요.

여자 출입 금지!

아토스 산에는 963년경부터 수도원이 지어졌어요. 그리고 1054년부터 그리스 정교회의 성지가 되었어요. 1046년에는 콘스탄틴 마노마코스 황제가 아토스 산에 여자가 출입하는 것을 금했으며 이 명령은 지금까지도 엄격하게 지켜지고 있어요. 그리스 정교회 신자만 출입할 수 있고, 가톨릭과 개신교 신자, 일반 남자는 특별 허가를 받아야 이 섬에 들어갈 수 있어요. 여자는 이 섬에 아예 들어갈 수 없고요.

가장 나중에 지어진 스타브로니키타 수도원.

그리스 정교회 자치령

가톨릭의 나라인 바티칸 시국이 이탈리아에 속해 있으면서도 독립국인 것처럼, 아토스는 그리스에 속해 있지만, 그리스 정교회의 자치령이에요. 아토스 지역은 중세 이후 비잔틴 제국, 터키, 그리스 등에 속했으나, 이곳만은 '성스러운 땅'으로 자립해 온 것이지요.

아토스 산의 수도원들.

철저한 수도사 생활

아토스에는 20개의 수도원, 12개의 작은 수도처, 그리고 약 700채의 주택, 개인 수도실 또는 암자가 있어요. 약 1,600명의 수도사들이 기도와 명상을 하며 생활하고 있지요. 오전 0시를 하루의 시작으로 정한 독특한 시간 규정을 따르면서요.

힐란다르 수도원에 있는 예수의 성화상.

여자들이 출입할 수 없게 된 이유는?

전설에 따르면, 언젠가 성모 마리아가 요한과 함께 배를 타고 여행을 하던 중에 심한 폭풍을 만나 아토스에 정박했어요. 이때 배에서 내린 마리아는 아토스에 있는 이교도의 우상을 모두 무너뜨리고, 이 땅에 축복을 내렸어요. 그리고 아토스 산을 휴식의 뜰로 삼고, 자신 이외에는 어떤 여성도 출입하지 못하게 했답니다.

왕과 여왕이 탄생하는 그곳
웨스트민스터 궁전

영국

웨스트민스터에 세운 궁전

웨스트민스터는 영국 런던 시 템스 강 북쪽 기슭에 있는 자치구예요. 지금부터 약 950년 전인 11세기경 궁전이 세워졌다가, 1512년에 런던에 큰 화재가 나 궁전의 일부가 불에 타 버렸지요. 헨리 8세가 궁전을 다시 짓게 했지만 1834년, 또 다시 화재로 잿더미가 되었고, 1835년에 새로 짓기 시작했답니다.

웨스트민스터에 세운 국회 의사당

새로 지은 궁전에는 국회 의사당이 들어섰어요. 중앙 홀을 경계로 남쪽은 상원, 북쪽은 하원 의사당이에요. 그리고 영국에는 또 다른 궁전이 있어요. 바로 버킹엄 궁전이지요. 1703년에 버킹엄 공작 셰필드의 저택으로 지어졌으나, 1761년 조지 3세가 이를 구입해 왕실로 고쳐 지었어요. 1837년 빅토리아 여왕이 즉위한 뒤에 이곳에서 살았지요. 이후 영국 국왕들은 모두 이곳에서 살고 있답니다.

시계탑의 대명사, 런던의 명물 빅 벤

웨스트민스터 궁전의 북쪽 끝에는 106미터의 탑시계가 있어요. 빅 벤이라는 별명으로 불리는데, 정식 명칭은 엘리자베스 타워예요. 이 탑 안에는 14톤이나 되는 거대한 종이 있어요. 빅 벤은 처음에는 종을 가리키는 말이었지만, 지금은 시계를 가리키는 말이 되었지요. 종보다 동서남북으로 설치된 시계가 더 유명해졌기 때문이에요. 이 시계는 분침 크기는 4.3미터, 시침 크기가 2.7미터나 되어요. 1859년 작동을 시작해서 약 150년 동안 단 3번 멈췄을 정도로 튼튼하고 정밀한 시계랍니다.

웨스트민스터에서 열린 대관식

웨스트민스터는 영국 왕과 여왕의 대관식이 열리는 장소로 유명해요. 1066년에 열린 윌리엄 1세의 대관식에서부터 현재의 여왕인 엘리자베스 2세에 이르기까지 수많은 왕과 여왕들이 웨스트민스터에서 대관식을 치르고 왕위에 올랐지요. 자그마치 900년 넘게 한 장소에서 왕의 대관식이 거행된 곳은 웨스트민스터뿐이랍니다.

엘리자베스 2세의 대관식.

연관 검색 웨스트민스터에서 대관식을 올리지 못한 왕

대관식은 왕관을 국왕의 머리에 얹어서 왕위에 올랐음을 공표하는 의식으로 유럽 국가의 국왕 또는 황제의 즉위식이라 할 수 있어요. 그런데 역대 영국 왕 가운데 두 사람은 웨스트민스터 궁전에서 대관식을 올리지 못했어요. 열두 살에 왕위에 오른 뒤 삼촌인 리처드 3세에 의해 런던 탑에 갇혔다가 비밀리에 살해된 에드워드 5세와 미국 출신 심프슨 부인과의 신분을 뛰어넘는 사랑으로 유명한 에드워드 8세이지요. 에드워드 8세는 자신이 사랑하는 평범한 이혼녀와 결혼하기 위해 스스로 왕위를 포기했어요.

변신의 귀재
런던 탑 영국 🇬🇧

요새에서 탑으로 변신!

런던 탑은 영국의 수도, 런던의 템스 강 북쪽 기슭에 세워졌어요. 1066년에 영국 노르만 왕조의 제1대 왕 윌리엄 1세가 요새로 지은 목조 건물이었지요. 10년 후에는 돌로 다시 높고 크게 지어, 웅장한 건축물로 우뚝 서게 되었어요. 윌리엄 1세는 노르망디 공작 출신으로, 잉글랜드를 정복하고 영국의 새 왕조를 열었던 사람이에요. 윌리엄 1세는 '정복왕'이라고도 불렸지요.

탑에서 성으로 변신!

런던 탑은 헨리 3세 때인 1216년부터 1272년에 걸쳐 내부의 원형 성곽이 건설되었어요. 이후 10여 개 탑과 높은 성벽으로 이뤄진 지금과 같은 성이 완성되었지요. 윌리엄 1세가 건물을 하얗게 칠해서 '화이트 타워'라고 불리기도 해요.

1737년에 그려진 런던 탑 판화.

| 연관 검색 | 런던 탑에서 죽음을 당한 인물들 |

• 헨리 6세 : 백 년 전쟁 중 즉위하여 샤를 6세 죽음 후 프랑스 왕을 겸했으나 넓은 영토를 잃고 대륙에서 추방되었어요. 나중에 다시 왕위에 올랐지만, 장미 전쟁 때 런던 탑에서 살해되었지요.
• 앤 불린 : 헨리 8세의 두 번째 왕비이자 엘리자베스 1세의 어머니예요. 헨리 8세와 결혼 후 왕자를 낳지 못하자 헨리에 의해 죄를 뒤집어 쓴 채 런던 탑에서 처형되었어요.
• 토머스 모어 : 영국의 정치가이자 학자로 〈유토피아〉라는 작품을 썼어요. 헨리 8세가 첫 번째 왕비인 캐서린과 이혼하려고 하는 것을 반대했다가 런던 탑에 갇힌 후 처형을 당했어요.

성에서 감옥으로 변신!

런던 탑은 16세기까지는 주로 왕궁으로 사용되었어요. 대관식 때 왕의 행렬이 런던 탑을 출발하는 것을 관례로 삼았지요. 또 나중에는 신분이 높은 정치범을 가두는 감옥과 고문장이나 처형장으로도 사용되어 더 유명해졌어요. 엘리자베스 1세도 한때 반란을 도모한 누명을 쓰고 런던 탑에 갇혀 있었던 적이 있어요.

런던 탑 입구.

런던 탑의 자랑 '아프리카의 별'

1905년 남아프리카 공화국은 3106캐럿 다이아몬드 원석을 영국 에드워드 7세에게 선물했어요. 에드워드 1세는 이 원석을 9개의 큰 다이아몬드와 96개의 작은 다이아몬드로 가공했지요. 9개의 큰 다이아몬드 중 가장 큰 것은 물방울 모양으로 530캐럿에 76개의 면을 갖고 있으며 '아프리카의 별'이라 불려요. 아프리카의 별은 영국 왕실을 상징하는 최고의 보석으로 런던 탑에 전시되고 있답니다.

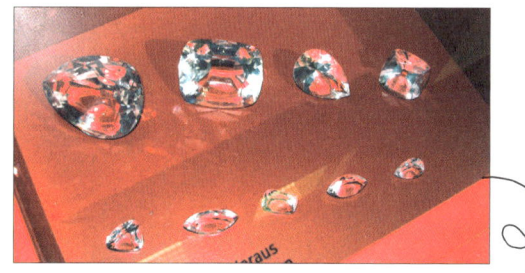

9개로 가공된 다이아몬드.

왕들의 무덤이자, 신을 위한 사원
앙코르 와트 캄보디아

힌두교의 비슈누 신을 모신 사원

12세기 초, 캄보디아의 앙코르 왕조의 크메르 족은 자신들이 섬기는 신을 위한 사원, 앙코르 와트를 지었어요. 앙코르 와트는 부처님을 모신 불교 사원도, 알라를 모신 이슬람 사원도 아니었어요. '비슈누'라는 신을 모신 사원이었지요. 비슈누는 힌두교에 등장하는 여러 신 중 한 명이에요. 세상의 질서와 정의를 지키고 인류를 보호하는 존재이지요. 앙코르 왕조의 전성기를 이루었던 수리아바르만 2세가 힌두교를 믿었는데, 자신이 죽은 뒤 비슈누와 같아지려는 마음으로 앙코르 와트를 세웠답니다.

밀림 속 거대한 사원

앙코르 와트는 바깥벽이 동서로 약 1,500미터나 되는 직사각형 모양의 유적이에요. 중앙 사원은 높이가 65미터나 되는 사각뿔 모양에 사원의 중심과 모서리마다 옥수수 모양으로 생긴 거대한 돌탑이 세워져 있어요. 문과 기둥에는 정교한 장식물이 달려 있거나 조각이 새겨져 있는데, 주로 춤추는 여인상과 여러 개의 머리를 부채처럼 치켜든 뱀 모습의 조각상이 많아요.

앙코르 와트에 장식된 조각.

크메르 왕의 무덤

옛날 크메르 족은 왕이 죽으면 신과 같아진다는 생각을 했어요. 그래서 왕들마다 자신이 죽은 뒤에 되고 싶은 신에게 사원을 지어 바치는 풍습이 있었고요. 그래서 앙코르 와트는 왕들의 무덤으로 쓰이기도 했어요. 즉 크메르 족에게 앙코르 와트는 신을 모시는 사원인 동시에 왕의 무덤이었던 거예요.

앙리 무오가 1860년에 그린 앙코르 와트.

앙코르 와트 말고 앙코르 톰

앙코르 와트에서 북쪽으로 약 1.5킬로미터 떨어진 곳에 앙코르 톰이라는 유적지도 있어요. 1200년 무렵 자야바르만 7세가 세운 것으로 앙코르 유적 중 유일한 불교 사원이에요. 사원 주변에는 54개의 탑이 있고 부처의 미소를 띤 얼굴이 사방팔방으로 조각돼 있어요. 자야바르만 7세는 힌두교를 믿었던 다른 왕들과 달리 불교를 믿어서 죽은 뒤 부처가 되고 싶은 마음으로 불교 사원을 지었답니다.

앙코르 톰.

연관 검색 캄보디아 국기에 등장하는 앙코르 와트

캄보디아 국기는 위에서부터 파랑, 빨강, 파랑으로 이루어졌어요. 그런데 가운데 빨강색 부분에는 3개의 탑이 세워진 앙코르 와트 모습이 흰색으로 그려져 있어요. 앙코르 와트를 정면 입구에서 보면 마치 5개의 탑이 3개의 탑으로 보이거든요.

신들의 도시
카트만두 계곡 네팔

불교와 힌두교 유적이 가득한 카트만두 계곡

네팔의 카트만두 계곡은 힌두교와 불교의 성지를 비롯하여 130개 이상의 중요 문화재가 모여 있어요. 유네스코에서는 이 지역에 있는 7개의 문화재를 세계 문화유산으로 등록했지요. 그런데 2015년, 이 아름다운 유적지에 대지진이 일어나 많은 사람들의 안타까움을 사고 있어요.

더르바르 광장과 하누만 도카

더르바르 광장은 카트만두의 중심부에 있는 문화 유적으로 12세기~18세기에 지어진 왕궁, 사원, 아름다운 안뜰과 탑 등이 모여 있는 유적지예요. 하누만 도카는 19세기까지도 네팔 왕과 왕족이 살았던 궁전이고요.

파탄의 더르바르 광장

지금의 파탄은 네팔의 한 도시이지만 과거에는 독립된 왕국이었어요. 파탄의 더르바르 광장은 16~18세기에 건설되었는데 왕궁을 포함해 여러 힌두 사원이 몰려 있어요.

파탄 더르바르 광장의 풍경.

보드나트의 불탑

보드나트 불탑을 살펴보면 원형의 돔 위에 세워진 불탑에 눈동자가 그려져 있어요. 불탑 안에는 부처의 사리가 모셔져 있다고 해요. 세계에서 가장 큰 불탑인 보드나트의 불탑 주변에는 수만 명의 티베트 난민들이 모여 살고 있답니다.

바크타푸르의 더르바르 광장

바크타푸르의 더르바르 광장은 카트만두에서 동쪽으로 약 10킬로미터 떨어져 있어요. 카트만두, 파탄과 함께 번영을 누렸어요. 17세기에 지은 웅장한 건물들이 남아 있는 곳이지요.

파슈파티나트의 힌두 사원

카트만두 계곡에서 북동쪽으로 5킬로미터 떨어진 힌두 사원으로 네팔에서 가장 신성한 힌두교 성지예요. 힌두교의 한 신이 시바 신에게 바친 사원으로 바그마티 강 강둑을 따라 사원, 아슈람(힌두교 수행자의 마을), 그림, 비문들이 펼쳐져 있어요.

↳ 파슈파티나트의 힌두 사원.

스와얌부나트 사원의 불탑

가파른 언덕 위에 흰 불탑이 우뚝 솟아 있는 이 사원은 네팔에서 가장 오래된 불교 사원, 스와얌부나트 사원이에요. 스와얌부나트 사원 탑의 사면에는 눈동자가 그려져 있어요. 이 사원은 주변에 야생 원숭이의 집단 서식지가 있어서 '몽키 템플'이라 불리기도 해요.

창구나라얀의 힌두 사원

카트만두 계곡에 있는 창구나라얀은 힌두교의 한 신인 비슈누 신을 모신 사원이에요. 사방의 문을 독수리, 코끼리, 사자 등 수호 동물이 지키고 있어요.

↳ 창구나라얀 사원.

↳ 스와얌부나트의 마니차.
마니차는 불교의 수행 도구 중 하나이다.

하늘에 있는 신에게 닿고 싶어!
노트르담 대성당 프랑스 🇫🇷

고딕 양식을 대표하는 건축물

중세 시대인 1163년, 로마 교황이었던 모리스 드 쉴리라는 파리 주교의 책임 아래 노트르담 대성당이 지어지기 시작했어요. 무려 170여 년에 걸쳐 완공되었지요. 노트르담 대성당은 프랑스 최초의 고딕 양식 성당이에요. 높이는 무려 130미터, 건물 내부에는 예수의 12제자와 마리아 상을 비롯한 수많은 조각상이 세워져 있고, 아름다운 스테인드글라스가 장식되어 있어요.

↳ 노트르담 대성당의 반대편 모습.

중세 미술을 대표하는 고딕 양식

고딕 양식은 12세기 중반에 프랑스와 영국을 중심으로 시작되어 15세기까지 발전한 양식으로 중세 시대를 대표하는 예술 양식이에요. 뾰족한 탑, 가늘고 높은 기둥, 스테인드글라스를 통해 건물 내부로 빛이 스며드는 것이 고딕 양식의 특징이지요. 이런 건축 양식은 신이 있는 하늘에 닿고 싶었던 사람들의 신앙심을 나타낸답니다.

성모 마리아를 의미하는 노트르담

노트르담은 본래 프랑스 어로 '우리의 귀부인'이란 뜻인에요. 하지만 가톨릭에서 예수의 어머니인 마리아를 높여 부르는 말로 사용하면서 '성모'라는 의미로 바뀌게 되었어요. 12세기 이후부터는 '노트르담'을 마리아를 대신하는 표현으로 즐겨 사용했고요. 그래서 노트르담이라고 불리는 성당이 파리뿐 아니라 유럽 전역에 많이 있는 것이지요. 수도원이나 학교 등에 노트르담이라는 이름이 붙여진 것도 많답니다.

미켈란젤로의 <피에타>.

빅토르 위고의 《노트르담의 꼽추》

《노트르담의 꼽추》를 들어 보았나요? 우리에게 잘 알려져 있는 《노트르담의 꼽추》는 바로 빅토르 위고가 쓴 소설 《노트르담 드 파리》예요. 이 작품은 애니메이션과 뮤지컬로도 제작되어 큰 인기를 얻었지요. 《노트르담 드 파리》의 중심 무대는 노트르담 대성당이에요. 사실 19세기에 황폐해진 대성당은 철거 될 위기에 처했던 적이 있었어요. 하지만 이 소식을 들은 빅토르 위고가 소설을 통해 많은 사람들에게 노트르담 대성당에 관심을 갖게 했지요. 심지어 이 작품으로 인해 노트르담 대성당을 보호하기 위한 기금이 모이기도 했답니다.

영화로도 만들어졌던 《노트르담 드 파리》.

빅토르 위고.

| 연관 검색 | 노트르담 대성당과 관련 깊은 인물들 |

• 잔 다르크 : 백 년 전쟁에서 활약했던 소녀 잔 다르크가 마녀로 몰려 종교 재판을 받았던 곳이 바로 노트르담 대성당 앞이었어요.
• 나폴레옹 : 나폴레옹은 노트르담 대성당에서 황제 대관식을 화려하게 치렀어요.

동굴 속 수도원
이바노보 암굴 성당군

불가리아 🇧🇬

동굴에 세운 교회

불가리아의 귀족 자제 중에 조아키노라는 인물이 있었어요. 그는 기도와 단식을 하며 신앙생활에 열심이었어요. 루센스키롬 강변의 한 동굴에 머물며 신앙심을 키웠지요. 얼마 지나지 않아 3명의 제자가 조아키노를 찾아왔고, 그는 그들과 함께 작은 암석 교회를 세웠어요.

이바노보의 암석.

불가리아 황제의 기부

불가리아에 조아키노에 대한 이름이 알려지자 황제 이반 아센 2세가 조아키노가 머무는 곳을 방문했어요. 이반 아센 2세는 교회에 상당한 재물을 기부했어요. 조아키노는 황제의 도움으로 1218년부터 1235년까지 루센스키롬 강 주변의 석회암 절벽을 파서 미카엘 수도원을 지었지요. 그 뒤로도 새로운 황제의 기부로 성당과 교회, 독방이 계속 지어졌어요.

이반 아센 2세.

불가리아 종교와 미술을 대표하는 곳

이렇게 이바노보 마을에 건설된 암굴 성당군은 수도원, 수도사의 방, 프레스코 그림으로 꾸며진 성당과 예배당 등 모두 40개에 이르렀어요. 그러나 오늘날에는 그중 5개만이 온전한 상태로 남아 동방정교회의 대표적인 장소가 되었어요. 특히 성당의 벽과 천장에 그려진 프레스코 성화는 중세 불가리아 미술의 걸작으로 평가받고 있어요.

이바노보 암굴 성당의 프레스코 그림.

동방정교회란?

비잔틴 제국의 크리스트교 교회를 기원으로 하는 교회로 로마 가톨릭, 프로테스탄트와 함께 크리스트교의 3대 분파로 꼽혀요. 주로 러시아, 발칸 반도, 서아시아 지역 등에 분포해요.

수도원은 왜 생겨났을까?

수도원은 수도사들이 생활하는 곳이에요. 수도사가 청빈, 정결, 순종을 서약하고 홀로 신앙심을 키우는 곳이지요. 수도원이 본격적으로 생겨난 것은 313년 크리스트교가 로마 제국의 공인을 받은 뒤부터예요. 크리스트교가 공인되며 신앙이 느슨해지는 것을 걱정한 사람들이 순교자들의 정신을 계승하고자 세상을 피해 신앙 생활을 하려 했어요. 그들 중에는 훌륭한 신앙인을 스승으로 따르는 제자들이 생겨나 사람들이 하나둘 모이게 되고, 규칙이 생기며 수도원이 자리 잡게 된 것이에요. 수도원은 외딴 곳에 생겨나기 시작해 동굴 같은 은밀한 곳에도 세워졌어요.

연관 검색 | **세계 문화유산이 된 동굴 수도원들**

- **카파도키아 동굴 교회** : 터키의 카파도키아 동굴에는 크리스트교인들이 로마의 박해를 피해 숨었던 수도원과 동굴 교회가 있어요.
- **아르메니아의 게하르트 수도원** : 러시아의 아르메니아의 게하르트 수도원은 4세기 무렵 동굴을 파서 만든 것이에요.
- **키예프 동굴 수도원** : 우크라이나의 수도인 키예프의 페체르스크 라브라는 드네프르 강 절벽 언덕에 있는 동굴 수도원이에요.

이렇게 아름다운 궁전을 허물 순 없지
그라나다 에스파냐 🇪🇸

에스파냐에 왜 이슬람 문화유산이?

에스파냐는 전 국민의 80퍼센트 가까이가 크리스트교의 한 갈래인 가톨릭을 믿어요. 그래서 성당과 수도원 등의 유적이 많지요. 그런데 코르도바, 세비야, 그라나다 등 세 도시에는 이슬람의 예배당인 모스크를 비롯해 이슬람 건축물과 유적들이 곳곳에 있어요. 이유는 이슬람의 역사를 훑어보면 알 수 있어요.

그라나다의 풍경.

이슬람 세력 VS 크리스트교 세력

에스파냐가 위치해 있는 이베리아 반도는 유럽과 아프리카의 통로가 되는 지역이에요. 기원전 6세기에는 카르타고에게, 기원전 3세기부터는 500년 동안 로마 제국의 지배를 받았어요. 그러다가 로마 제국이 쇠퇴하며 서고트 족이 침입해 서고트 왕국이 세워졌고요. 서고트 왕국은 로마의 크리스트교 문화를 받아들이며 이베리아 반도를 지배했어요. 그러던 711년, 이슬람 왕조가 이베리안 반도를 침략해 서고트 왕국을 위협했지요. 이슬람 왕조는 이베리아 반도를 800년 동안이나 지배했지만 이베리아 반도에 남아 있던 서고트 세력은 이에 굴복하지 않고 힘을 키웠어요. 결국 서고트 세력은 여러 왕국을 세웠고, 서부 지역의 카스티야 왕국과 동부 지역의 아라곤 왕국을 중심으로 빼앗긴 땅을 되찾는 전투를 벌였어요.

에스파냐의 국토 회복 운동

1479년에는 아라곤의 왕 페르난도 2세와 카스티야의 여왕 이사벨이 결혼하여 에스파냐의 통일을 이루었어요. 이슬람 세력을 점점 몰아내더니 마지막 세력인 그라나다 왕국을 함락시키려 했지요. 그라나다 왕국의 무함마드 11세는 에스파냐군의 공격으로 그라나다가 함락을 당할 처지에 놓이자, 항복을 결심하고 에스파냐의 왕들에게 편지를 보냈어요. '그라나다의 백성들을 보호해 준다면 금화 3만 냥과 알람브라 궁전을 바치겠습니다.'라고 말이에요. 그러나 에스파냐 군인들은 그라나다 주민들을 무자비하게 학살했고, 결국 무함마드 11세는 그라나다와 알람브라 궁전을 버리고 그곳을 떠나야 했지요. 사람들은 무함마드 11세가 뒤돌아보며 눈물을 흘린 곳을 '탄식의 언덕'이라고 부른답니다.

중세 이슬람 문화의 결정체 알람브라 궁전

그라나다를 정복한 크리스트교인들은 아름다운 이슬람 건축물들을 허물어 버릴 수가 없었어요. 그래서 그라나다 곳곳에는 지금까지 많은 이슬람 건축물과 유적이 남아 있어요. 그중 가장 대표적인 것이 알람브라 궁전이지요. '빨간 성'이란 뜻을 갖고 있는 알람브라 궁전은 이슬람 양식의 특징을 잘 나타낸 건축물이에요. 우상 숭배를 금지한 이슬람 교리에 따라 사람이나 동물 모양의 조각상을 찾아보기 어려워요. 하지만 기둥이나 천장에 정교한 장식들이 무척 아름답지요. 또 곳곳에는 작은 분수대와 연못, 수로 등도 설치되어 있답니다.

알람브라 궁전의 안뜰.

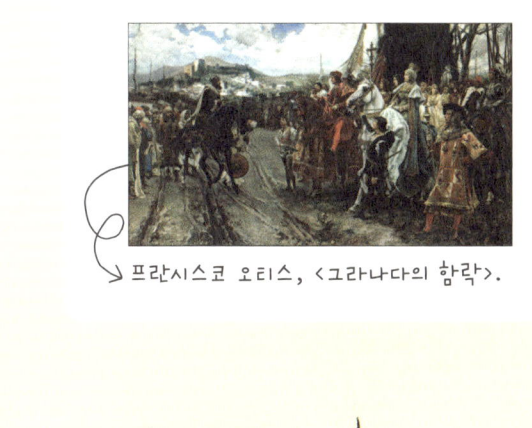
프란시스코 오티스, <그라나다의 함락>.

갈릴레이의 실험실
피사 두오모 광장

이탈리아

기적의 광장이라 불리는 피사의 광장

피사는 중세 때 시칠리아 섬 팔레르모 앞바다에서 사라센과 전투를 벌여 승리했고, 막대한 전리품을 얻었어요. 이때 빼앗은 전리품들을 두오모 광장의 대성당과 세례당, 사탑, 묘지 등에 세워 놓았지요. 전리품들이 세워져 있는 이 아름다운 모습 때문에 피사 사람들은 두오모 광장을 '기적의 광장'이라고 불렀어요.

'두오모'란 무슨 뜻일까?

두오모(Duomo)는 영어의 '돔(dome)'과 같은 의미로, 집을 의미하는 라틴 어 '도무스(domus)'에서 유래한 말이에요. 영어의 돔은 반구형의 둥근 지붕, 둥근 천장을 가리키지만, 이탈리아 어의 두오모는 '대성당'을 가리킨답니다.

다양한 양식의 건축물이 한곳에

피사의 두오모 광장에는 다양한 양식을 가진 종교 건축물이 모여 있어요. 중세 건축의 상징이 된 두오모 대성당, 불가사의한 건축물 가운데 하나인 피사의 사탑 등 중세, 고딕, 초기 르네상스의 건축물이 함께 어우러져 있지요.

두오모 대성당.

한쪽으로 기울어진 피사의 사탑

피사의 사탑은 원래 대성당에 딸려 있는 종탑이에요. 1173년에 공사가 시작되어 건물을 쌓아 올렸는데, 지반이 내려앉으면서 기울기 시작했어요. 그래서 공사가 중단되었다가 1350년 무렵에 8층으로 완공되었지요. 그 뒤로 이 종탑은 피사의 사탑이라 불려요. 사탑이란 한쪽으로 비스듬히 기울어진 탑이란 말이에요.

피사 두오모와 갈릴레이의 발견

갈릴레오 갈릴레이는 피사 대성당에서 미사를 드리던 중 우연히 천장에 매달린 램프가 바람에 흔들리는 모습을 보았어요. 램프는 바람에 따라 어느 때는 많이, 그리고 어느 때는 조금 흔들렸어요. 하지만 많이 흔들리거나 조금 흔들리거나 한 번 흔들리는 데 걸리는 시간은 같아 보였지요. 그는 자신의 맥박을 이용하여 램프가 흔들리는 시간을 측정했고 자신의 생각이 옳았음을 확인했어요. 갈릴레이는 실험을 통해 진자의 주기는 진자가 흔들리는 진폭에 관계없이 일정하다는 것을 알아냈는데 이것을 '진자의 등시성'이라 해요.

갈릴레이 갈릴레오의 조각상.

피사의 사탑과 갈릴레이의 실험

갈릴레이가 피사 대학에서 천문학과 기하학을 가르칠 때의 일이에요. 어느 날, 갈릴레이는 피사의 사탑에 올라가 무게가 다른 두 개의 쇠공을 동시에 떨어뜨려 보았어요. 당시 아리스토텔레스의 이론에 따라 무거운 물체는 가벼운 물체보다 더 빨리 땅에 떨어진다고 생각했지요. 그런데 피사의 사탑에서 갈릴레이가 떨어뜨린 두 개의 쇠공은 거의 동시에 떨어졌어요. 이 실험을 통해 갈릴레이는 '공기의 저항을 무시한 상태에서 질량이 다른 두 물체를 낙하시키면 물체의 질량과 상관없이 동시에 떨어진다'라는 것을 밝혀냈지요. 갈릴레이가 밝혀낸 이 사실은 '자유 낙하의 법칙'이라고 해요.

아드리아 해의 진주를 지켜야 해!
두브로브니크 크로아티아

아드리아 해의 진주

두브로브니크는 크로아티아의 달마티아 해안에 위치한 작은 도시예요. 바닷가 산자락에 위치해 있으면서, 주변이 성곽으로 둘러싸인 중세 도시의 모습을 하고 있지요. 그 모습이 무척 아름다워 '아드리아 해의 진주'라고 불리기도 해요. 영국의 극작가 겸 소설가로 노벨상을 수상하기도 했던 버나드 쇼는 '진정한 낙원을 원한다면 두브로브니크로 가라!'고 말하기도 했어요.

도시 국가로 시작된 역사

두브로브니크는 7세기경 라구사 공화국이라는 도시 국가로 출발했어요. 12세기에 지중해와 발칸 지역을 연결하는 역할을 했고, 1205년에는 베네치아 공국의 지배를 받다가 1358년 자치권을 회복하여 상업 중심지로 계속 부흥했지요.

두브로브니크 도시 풍경.

연관 검색 | 유고 내전이 아니라 유고슬라비아 전쟁

유고슬라비아 전쟁은 유고슬라비아 연방에서 1991년부터 1999년에 걸쳐 일어난 전쟁을 말해요. 처음에는 '유고슬라비아 내전'이라 불렸지만 1992년 연방이 해체됨에 따라 내전이 아닌 '유고슬라비아 전쟁'으로 부르게 되었어요. 1991년 6월 27일 유고슬라비아 연방군이 슬로베니아와 크로아티아의 독립을 막기 위해 슬로베니아를 침공하면서 시작되어, 슬로베니아 → 크로아티아 → 보스니아 → 코소보 등지로 싸움터를 옮겨 가며 벌어졌어요. 그 뒤, 유고슬라비아 연방국은 슬로베니아, 크로아티아, 보스니아-헤르체고비나, 세르비아, 몬테네그로, 마케도니아로 분리 독립되었어요.

비극에 대처하는 두브로브니크

하지만 1667년, 두브로브니크에 지진이 일어났어요. 사람들은 바로크 건축 양식으로 곳곳의 무너진 건물을 다시 세우며 열심히 도시를 복원했어요. 그리고 1979년, 유네스코 세계 문화유산에 등재되었지요. 그러나 안타깝게도 또 한 번의 사건이 일어났어요. 1991년~1992년 유고슬라비아 전쟁 당시 세르비아군의 포탄 공격으로 도시 일부가 심각하게 훼손당한 거예요. 하지만 주민들은 다시 복구 활동을 열성적으로 펼쳤고, 도시는 대부분 옛 모습을 되찾았어요.

폭격을 받은 두브로브니크의 건물.

문화유산 파괴에 반대한다!

유고슬라비아 전쟁 당시, 프랑스의 작가 장 도르메송이 "유럽과 예술의 도시가 사라질 위기에 처했는데 구경만 할 것인가?"라고 외쳤어요. 또 유럽의 지식인들은 두브로브니크 앞바다에 배를 띄워 "이 도시에 폭탄을 떨어뜨리려면 우리를 먼저 쏴라!"며 저항을 했어요. 사람들은 성벽을 따라 인간 띠를 만들어 시위를 하기도 했지요.

아유타야 왕국의 흔적을 만나는
아유타야 역사 도시 타이

아유타야 왕국의 수도였던 아유타야

타이는 동남아시아 인도차이나 반도 중앙에 있는 나라예요. 우리나라에서는 태국이라고도 부르지요. 타이의 수도 방콕에서 북쪽으로 64킬로미터 정도 떨어진 곳에 아유타야라는 도시가 있어요. 바로 아유타야 왕국의 유적지예요. '사라지지 않는다'라는 뜻을 가진 아유타야 왕국은 1350년에서 1767년까지 400년 동안 존재했던 타이 역사상 가장 수명이 길었던 왕국이랍니다.

375여 곳의 불교 사원

아유타야는 오랜 역사를 지닌 왕국의 수도답게 왕궁 3곳을 비롯하여 약 375곳의 불교 사원, 29개의 요새, 94개의 커다란 문이 세워져 있어요. 타이는 기원전 3세기 말부터 불교를 받아들인 불교의 나라예요.

와트 차이왓타나람.

미얀마의 공격으로 멸망한 아유타야 왕국

아유타야 왕국은 말레이 반도와 벵골 만까지 세력을 넓히고, 포르투갈과 무역을 하며 발전했어요. 하지만 1766년 미얀마로부터 공격을 받아, 수도 아유타야는 함락되고, 1767년 국왕이 행방불명됨으로써 멸망하고 말았어요. 심지어 수많은 유적이 파괴되고 지금은 그 일부만 남게 되었지요.

아유타야의 대표 사원 유적

❶ **와트 야이차이 몽콜** : 스리랑카에서 유학을 마치고 돌아온 승려들의 명상을 위해 세운 사원이에요. 거대한 불상과 체디로 유명해요. 체디란 스투파를 뜻하는 산스크리트어, 차이티야에서 유래된 타이의 스투파를 말해요. 일반적으로 부처의 사리탑을 의미하지만 왕이나 고승 등의 유골을 모신 것도 포함되지요.

와트 야이차이 몽콜.

❷ **와트 프라 마하탓** : 보리수 뿌리에 부처의 얼굴이 박혀 있는 곳으로 유명한 사원이에요. 사원 곳곳의 불상의 머리가 잘려 있는데, 버마가 침략했을 때, 타이의 기상을 꺾으려는 의도로 불상의 머리를 다 잘라 버렸기 때문이에요.

보리수 나무 뿌리 안에 있는 불상.

❸ **와트 프라 시산펫** : 방콕의 에메랄드 사원과 견줄 만한 사원으로 아유타야 왕궁 내에 자리하고 있으며 아유타야에서 가장 큰 사원이었어요. 입구에 들어서면 3개의 높다란 체디가 눈에 들어오며, 170킬로그램에 달하는 금을 입힌 불상이 있었지요. 하지만 이것도 버마 인들이 침략했을 때 불을 질러 녹아 없어졌답니다.

| 연관 검색 | 에메랄드 불상은 타이의 국보라고! |

타이의 수도 방콕에는 에메랄드 사원이라고 불리는 와트 프라 깨오라는 사원이 있어요. 타이의 국보인 에메랄드 불상이 있는 사원이지요. 이 불상은 톤부리 왕조의 시조인 탁신 왕 때 라마 1세가 라오스를 정벌하고 전리품으로 가져온 것이에요. 불상은 푸른빛을 띤 옥으로 만들어졌지만 마치 에메랄드로 만든 것처럼 보이지요. 1미터가 채 되지 않는 작은 크기이지만 타이에서 가장 신성시되는 불상이에요. 라오스는 아직도 반환을 요구하고 있어요.

▲ 와트 프라 깨오의 에메랄드 불상.

황금 불상의 도시
루앙프라방 라오스

불교 유적지가 많은 도시

라오스는 동남아시아 인도차이나 반도의 한가운데 위치한 내륙 국가로 중국, 베트남, 타이, 미얀마, 캄보디아에 둘러싸여 있어요. 라오스는 불교의 나라로, 불교 유적지가 많은데 그중 루앙프라방이 유명하지요. 루앙프라방은 '황금 불상의 도시'라는 별명으로도 불러요. 또 메콩 강가의 자연과 잘 어우러져 있어서, 더욱 아름다운 도시랍니다. 석가모니가 이곳을 지나며, 언젠가 아주 강하고 풍요로운 수도가 될 것이라고 예언했다는 전설도 있어요.

루앙프라방 전경.

황금 불상의 도시

루앙프라방은 전통 건축물과 유적들이 많은 곳이에요. 19~20세기에 프랑스 식민 지배를 받았던 흔적도 있지요. 라오스의 전통 건축물과 식민지 시대의 건축물들이 조화를 이루어 도시 전체가 유네스코 세계 문화유산이 되었어요. 물론 황금 불상의 도시라는 별명답게 곳곳에 황금 불상 조각품이 세워져 있고요. 루앙프라방에는 수십 개의 불교 사원이 있는데, 그중에 와트 시엥 통이 가장 유명해요. 와트 시엥 통은 라오스 전통 건축 기법으로 지은 사원이랍니다. 색유리와 금으로 장식되어 있으며 본당 건물은 지붕이 끝이 땅에 닿을 정도로 길게 늘어뜨린 모습이에요.

와트 시엥 통.

특별한 황금 불상

라오스의 메콩 강가에는 왕궁 박물관이 위치해 있어요. 1900년 초에 지어진 왕궁이었던 루앙프라방 박물관은 원래는 왕궁으로 쓰이다가, 오늘날에는 박물관으로 쓰이고 있지요. 이곳에는 화려한 보물들과 각종 유물들을 전시되어 있어요. 그리고 국민들이 가장 소중히 여기는 보물, '황금 불상'인 프라방을 간직하고 있지요. 루앙프라방이란 이름도 이 황금 불상 때문에 생겨났어요. 루앙은 '크다', 프라방은 '황금 불상'을 뜻한답니다.

크메르 왕에게 선물받은 황금 불상과 에메랄드 불상

황금 불상은 83센티미터 크기에 무게 50킬로그램, 순도 90퍼센트인 작은 불상이에요. 라오스 인들은 이 작은 불상이 라오스를 지켜 주는 신비한 힘을 가지고 있다고 생각하지요. 불상은 원래 스리랑카에서 만들어져서, 인도차이나 반도의 최대 왕국이었던 크메르 왕이 갖고 있었어요. 그리고 크메르 왕이 1359년 라오스의 불교 지도자인 파 웅움에게 선물했어요. 이때 에메랄드로 만들어진 프라 깨오라는 불상도 함께 선물했는데, 프라 깨오는 타이에게 침략당했을 당시 빼앗기고 말았지요. 라오스에서는 지금도 타이에게 에메랄드 불상을 돌려 달라는 운동을 벌이고 있답니다.

루앙프라방의 불상.

아찔한 절벽 마을
반디아가라 절벽 말리

절벽을 따라 수백 개의 마을이

아프리카의 서북부 말리라는 나라에는 독특한 풍경을 가진 유적지가 있어요. 모래 평원 위에 우뚝 솟은 절벽을 따라 마을이 늘어서 있는 반디아가라 절벽이에요. 반디아가라 절벽은 총길이 150킬로미터에 높이가 100미터에서 500미터까지 다양한 사암 절벽이에요. 그리고 이 절벽을 따라 250여 개의 도곤 족 마을이 늘어서 있어요. 독특하고 아름다운 건축물과 조각상, 도곤 족의 전통문화가 잘 보존되어 있는 곳이지요.

반디아가라 절벽에서 내려다본 풍경.

왜 절벽에 집을 지었을까?

도곤 족이 이곳에 살기 시작한 것은 1300년 무렵이었어요. 그들이 이곳에 정착한 이유에는 여러 추측이 있는데, 그중에 다음 두 가지가 그럴 듯해요. 첫 번째는 조상의 영혼이 벼랑의 바위틈에 깃들어 있다는 믿음 때문이라는 추측이에요. 또 두 번째는 전쟁과 이슬람 세력의 공격을 피해 험한 절벽에 집을 짓고 정착했다는 가설이지요.

절벽에 지어진 집들.

도곤 족은 어떤 사람들일까?

서부아프리카 말리 공화국, 반디아가라 계곡에 흩어져 살고 있는 도곤 족의 총인구는 25만여 명 정도예요. 도곤 족은 오래전부터 신성하게 여기는 동물을 가면으로 만들어 춤을 추었어요. 지역마다 '호곤'이라는 종교 지도자가 있고, 60년마다 한 번씩 치르는 '시구이'라는 특별한 종교 의식이 있어요. 시리우스 별이 두 산봉우리 사이에 나타날 때 시작되는 시구이는 옛날에 시리우스에서 온 존재들이 도곤 족을 방문했다는 믿음에서 생겨난 의식이에요.

반디아가라 절벽 유적

반디아가라 절벽에는 주택, 곡물 창고들이 매달려 있어요. 건물 벽에는 조상 숭배를 뜻하는 고유 문양이 새겨져 있고요. 마을마다 '토구나'라고 불리는 모임 장소가 있는데, 토구나에는 마을의 남성 지도자들만이 출입할 수 있다고 해요.

토구나.

세상 어디에도 없는 도곤 족만의 문화

도곤 족은 독특한 우주관과 창조 신화, 동물 및 조상 숭배 신앙, 장례 의식 등 독특한 전통문화를 발전시켜 왔어요. 특히 78가지나 되는 가면과 가면을 쓰고 추는 춤은 도곤 족의 문화를 대표하지요. 이들의 종교 의식은 반디아가라 절벽과 함께 세계 복합 문화유산으로 등재되었어요.

테트리스할 때 본 적 있어
크렘린 궁전과 붉은 광장 러시아

모스크바의 요새 크렘린 궁전

모스크바의 크렘린 궁전은 이반 4세가 이탈리아의 건축가들을 불러 짓게 한 궁전이에요. 크렘린은 러시아어로 '성채' 또는 '요새'를 뜻하지요. 이반 4세는 모스크바 공국의 영토를 크게 넓히고 자신의 강력한 힘을 다른 많은 나라들에게 자랑하고 싶었어요. 그래서 크렘린 궁전 안에 위대한 건축물을 세웠답니다. 러시아에서 가장 아름다운 건축물로 손꼽히는 상크트바실리 대성당이 바로 그 건물이에요. 이 성당은 우리가 즐겨했던 게임, 테트리스의 앞부분에 등장하기도 하지요. 그 뒤 크렘린은 러시아 제국 시절에는 궁전으로 2.25킬로미터의 성벽과 스무 개의 성문을 갖추었고, 내부에는 여러 시대 양식의 궁전과 성당이 자리 잡게 되었어요.

붉은 광장과 상크트바실리 대성당.

"건축가의 눈을 멀게 하라!"

1560년 러시아 최고의 건축가들은 상크트바실리 대성당을 지었어요. 크고 작은 팔각형의 첨탑들, 양파 모양의 반구형 지붕, 아름답고 신비로운 외벽 등 서양의 비잔틴 양식과 동양의 이슬람 양식이 한 데 어우러진 멋진 모습이었지요. 그런데 이 아름다운 모습과는 어울리지 않는 무서운 전설이 있어요. 전설에 따르면 이반 4세가 성당을 설계한 사람들을 불러 그들을 칭찬하며 물었어요. "훌륭한 건축물이네. 자네들 혹시 이와 같은 아름다운 성당을 다시 지을 수 있겠는가?" 두 건축가가 그렇다고 대답하자 이반 4세는 무시무시한 명령을 내렸어요. "당장 이 두 건축가의 눈을 멀게 하라!" 다시는 이와 같은 아름다운 건축물이 세상에 지어지지 못하도록 그들의 눈을 멀게 했다는 것이에요. 하지만 오늘날에는 많은 학자들이 이와 같은 전설은 사실이 아닌 것으로 추측한답니다.

크렘린의 붉은 광장

붉은 광장은 크렘린 성벽의 북동쪽에 접한 광장이에요. 붉은 광장이라고 불리기 시작한 것은 약 17세기부터 였어요. 러시아 어로 '크라스나야 플로시차지'라고 하지요. '크라스나야'는 '붉다'라는 뜻과 '아름다움'을 뜻한답니다.

러시아의 또 다른 궁전들

러시아의 근대화에 힘쓴 표트르 대제가 1712년에 수도를 모스크바에서 상트페테르부르크로 옮겼고, 그의 딸인 여제 엘리자베타는 상트페테르부르크에 겨울 궁전을 지었지요. 연둣빛의 색을 띠는 외관과 1,050개의 방에 1,786개의 문과 1,945개의 창문이 있고 내부는 무척이나 화려해요. 또 상트페테르부르크 외곽 핀란드 만이 보이는 곳에는 화려한 모습의 여름 궁전도 있어요. 표트르 대제가 베르사유 궁전에 버금가는 거대한 궁전을 건축하도록 지시하여 지어진 궁전이지요. 7층의 계단으로 이루어진 폭포, 64개의 분수, 금으로 도금한 조각과 장식품으로 꾸며 놓은 궁전은 프랑스 베르사유 궁전과 닮은꼴이에요.

현재는 에르미타슈 박물관인 겨울 궁전.

박물관 도시
사마르칸트 우즈베키스탄

동방의 진주

'사람이 모이는 곳'이라는 뜻의 사마르칸트는 우즈베키스탄의 대표적인 역사 문화 유적지예요. 기원전 4세기경 알렉산더 대왕에게 정복당한 후 동양과 서양을 잇는 실크 로드의 중심지였어요. 그러던 1220년, 칭기즈칸에 의해 파괴당하면서 멸망했다가 이후에는 티무르 제국의 수도가 되어 다시 발전하였지요. 사마르칸트는 '동방의 진주'라고 불리며 중앙아시아를 대표하는 경제와 문화 도시가 되었어요.

티무르의 흉상.

도시가 곧 박물관

사마르칸트는 중앙아시아의 경제, 문화의 중심 도시답게 도시가 마치 하나의 박물관처럼 곳곳에 다양한 역사 문화 유적들이 있어요. 푸른색 타일로 장식한 건물이 많아서, '푸른 돔의 도시'라고 불리기도 해요. 사마르칸트의 대표적인 유적지는 레기스탄 광장과 울루그베그 마드라사, 비비하눔 모스크이지요.

바실리 베레시차긴이 1872년에 그린 사마르칸트의 모습.

| 연관 검색 | 무시무시한 티무르의 질투 |

티무르는 8명의 아내가 있었는데, 그중에 비비하눔을 가장 사랑했어요. 그래서 인도 원정을 떠나며 그녀를 위한 모스크를 짓게 하기도 했지요. 모스크 공사가 거의 마무리될 무렵, 이란에서 온 건축가가 왕비인 비비하눔에게 반해, 입맞춤을 했어요. 하지만 인도 원정에서 돌아온 티무르가 이를 눈치채고 말았어요. 화가 난 티무르는 건축가를 처형하고, 비비하눔을 미나레트(예배당의 첨탑)에서 떨어뜨려 죽였다고 해요.

레기스탄 광장

'모래의 광장'이란 의미를 갖고 있는 레기스탄 광장은 동쪽, 서쪽, 북쪽으로 'ㄷ' 모양을 하고 있어요. 오늘날 우즈베키스탄의 지폐에도 그려져 있는 대표적인 유적지이지요. 또, 레기스탄 광장은 나라에 큰 행사가 열리는 곳이기도 해요.

비비하눔 모스크

비비하눔 모스크에는 높이 35미터에 이르는 거대한 출입문과 50미터에 이르는 2개의 미나레트가 있어요. 그 중앙은 길이 130미터, 폭은 102미터에 달하는 웅장한 건물이지요. 푸른색 타일로 장식된 돔은 아주 아름다워요. 이 모스크는 중앙아시아에서 제일 큰 규모로 1399년 공사를 시작하여 1404년에 완성되었답니다.

울루그베그 마드라사

울루그베그 마드라사는 사마르칸트를 다스리던 티무르의 손자 울루그베그 왕이 1420년에 지은 학교예요. 이슬람 신학뿐 아니라 천문학, 철학, 수학, 과학 등 여러 분야를 가르쳤어요. 특히 천문학에 관심이 많던 울루그베그 왕은 천문대도 세웠는데, 이것은 3층 높이의 원형 천문대로 당시 세계에서 가장 시설이 좋은 천문대였다고 해요. 하지만 안타깝게도 지금은 그 터만 남아 있지요.

울루그베그 왕의 조각상.

스와힐리 문명의 요람
라무 케냐

전통문화의 도시, 라무

케냐에는 현대적인 대도시, 나이로비도 있지만 700년 넘게 전통을 잘 간직해 오고 있는 도시도 있어요. 바로 인도양의 '라무'라는 도시예요. 라무는 스와힐리 부족이 살았던 곳으로 케냐에서 가장 오래되고, 가장 보존이 잘된 곳이지요. 이 지역에서 나는 돌과 나무로 만든 집들과 그 사이로 난 좁고 굽은 길이 독특한 풍경을 만들어 낸답니다.

라무의 전통적인 문 장식.

동아프리카에서 가장 오래된 마을

라무는 700년 이상의 역사를 지닌 도시로 동아프리카에서 가장 오래된 마을로 꼽혀요. 스와힐리 족의 전통 기술과 독특한 문화를 보여주는 곳이기도 하고요. 이슬람교의 중요한 종교 축제가 열려 이슬람과 스와힐리 문화 중심지이기도 했어요. 특히나 옛것 그대로의 풍습이 많이 남아 있는데, 그중 대표적인 것이 이동 수단이에요. 라무에서는 당나귀와 배만이 유일한 이동 수단이랍니다. 또, 주민들이 사용하는 배는 전통적인 돛단배가 대부분이에요.

라무의 도시 풍경.

여기는 당나귀 보호 구역!

라무에 도착하면, 제일 먼저 반기는 것이 당나귀예요. 당나귀의 천국이라고 해도 믿을 만큼 쉽게 당나귀를 만날 수 있지요. 이 당나귀들은 사람들의 짐을 실어 날라 주기도 하고, 사람들을 태워 주기도 해요. 그래서 라무에는 이렇게 고생하는 당나귀들을 위해 만들어진 '당나귀 보호 구역'이라는 곳도 있어요. 당나귀 보호 구역에서는 당나귀가 무료로 진료를 받을 수도 있고, 다친 곳을 치료 받을 수도 있지요. 현재 라무에는 약 3,000마리의 당나귀가 살고 있답니다.

해안에 사는 사람들, 스와힐리 족

스와힐리 족은 반투 족의 한 갈래로 동아프리카 해안을 따라 살던 부족이에요. 해안에 상륙한 아랍 인과 아프리카 원주민의 결혼을 통해 이루어졌어요. 그래서 대부분의 사람들이 이슬람교도랍니다. 히잡을 두른 여자들을 쉽게 볼 수 있는 것도 이 때문이지요. 스와힐리 족의 '스와힐리'는 '해안에 사는 사람들'이라는 아랍어 '사와힐리'로부터 생겨난 말이고요.

히잡을 두른 여인.

케냐의 최대 부족, 키쿠유 족

케냐에는 스와힐리 부족뿐 아니라 50개가 넘는 부족이 살고 있어요. 그중에 가장 규모가 큰 부족은 키쿠유 족이라고 하는데 전체 인구의 약 20퍼센트 정도를 차지한다고 해요. 이들은 사람을 만나면 반갑다는 의미로 상대방의 손바닥에 침을 뱉어 문지르는 풍속이 있어요. 침에는 나쁜 기운을 쫓는 주술적인 힘이 있다고 생각한답니다.

아프리카의 반투 족

반투 족은 반투 어를 사용하는 아프리카 동부에 살던 흑인 종족이에요. 약 300개의 부족으로 이루어져 있는데, 가장 널리 알려진 부족은 줄루 족, 스와힐리 족, 키쿠유 족 등이지요.

세상에서 가장 큰 궁궐
자금성 중국

세계에서 가장 큰 궁궐

자금성은 명나라 3대 황제인 영락제가 수도를 난징에서 베이징으로 옮기고 지은 궁궐이에요. 100만 명이나 되는 사람들이 동원되어, 완성하기까지 14년이 걸렸지요. 남북으로 약 960미터, 동서로 약 760미터의 넓이에, 8미터 높이의 성벽으로 둘러싸여 있어요. 자금성은 명나라와 청나라 두 왕조 시대의 궁궐로 당시 중국 정치와 문화의 중심지였어요. 명나라는 남쪽 한족이 세운 나라이고, 청나라는 북쪽 만주족이 세운 나라로 서로 다른 민족이었어요. 하지만 청나라는 명나라 때 지은 건물이 낡자 자금성을 명나라 때 모습 그대로 고쳐 지었답니다.

영락제의 초상화.

아무나 들어갈 수 없는 성

자금성은 자주색의 금지된 성이란 뜻이에요. 벽은 자주색, 지붕은 황금색이지요. 중국에서 자주색과 황금색은 황제만이 사용할 수 있는 색이었어요. 또 자주색은 북극성의 상징이기도 한데, 중국 사람들은 하늘의 임금이 북극성에 살고 있다고 믿었어요. 그래서 자금성은 하늘을 다스리는 임금이 사는 성이자, 아무나 들어갈 수 없는 성이기도 했지요. 하지만 지금은 유물과 예술품을 전시하는 고궁 박물관으로 쓰이고 있어서, 누구나 드나들 수 있답니다.

자금성의 중심, 태화전

태화전은 자금성의 중심이 되는 건물이에요. 황제의 즉위식, 탄생 축하 행사, 결혼식, 칙령 발표, 외국 사신 접대 및 조공 등 나라의 중요한 행사가 주로 이곳에서 열렸어요. 세계에서 가장 큰 궁궐의 중심 건물답게 그 크기도 남북 33미터, 동서 60미터나 된다고 해요.

다른 각도에서 바라본 태화전의 모습.

황제의 쉼터, 어화원

자금성 북쪽에는 어화원이란 큰 정원이 있어요. 황제와 황후가 쉬면서 여가를 즐기기 위해 만든 정원으로 대자연의 다양한 경치를 즐길 수 있는 곳이에요.

자금성으로 들어가는 문, 천안문

천안문은 베이징의 자금성으로 들어가는 네 개의 문 중 하나예요. 천안문 앞에는 광장이 있는데 북쪽에서 남쪽으로 880미터, 동쪽에서 서쪽으로 500미터의 넓이로 세계에서 가장 넓은 도시 광장이랍니다.

천안문 광장.

매일 다른 방에서 하루씩만 자도 27년이 걸린다!

자금성에는 무려 7,000칸 이상의 방이 있어요. 예를 들어, 갓 태어난 황제의 아들이 매일 방을 바꾸어 가며 잔다고 해도, 한 바퀴 돌아 태어난 방에 이르면 27세가 되고, 두 바퀴를 돌고 나면 54세가 되는 거지요. 자금성의 규모가 얼마나 큰지 짐작이 가나요?

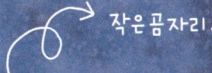
작은곰자리.

북극성.

4학년 2학기, 〈영어〉

중국의 자금성

중국 베이징에 있는 자금성은 명나라와 청나라 시대의 궁궐이에요. 세계에서 가장 큰 궁궐 중 하나로 9,000칸 이상의 방이 있답니다.

정글 속에 묻혀 있던 도시
바게르하트
방글라데시

인도 북부에 세워진 이슬람 도시

15세기 초에 이슬람교를 열심히 믿던 '울루 칸 자한'이라는 터키의 장군이 있었어요. 그는 인도 북부의 갠지스 강과 부라마푸트라 강이 합쳐지는 순다르반이라는 습지에 이슬람 도시를 건설했어요. 360개의 모스크를 세우고 공공건물, 웅장한 무덤, 다리, 도로, 물탱크 등을 세웠지요.

정글 속에 묻혀 있던 도시

그러나 1459년, 이 도시를 건설한 울루 칸 자한이 죽자, 도시 또한 정글 속에 묻혀 버리고 말았어요. 바로 이 도시가 바로 바게르하트 모스크 도시예요. 세월이 흘러 발견된 이 도시는 원래의 모습은 많이 사라졌지만, 지붕을 77개의 돔으로 연결한 사이트굼바드 모스크 등 벽돌로 지은 모스크들이 남아 있었지요. 이 유적들은 당시의 건축 기술이 상당히 발달했음을 나타내고 있어요.

벵골의 나라, 방글라데시

방글라데시는 남부 아시아의 인도 북동부에 있는 나라예요. 벵골 만에 접해 있으며, 국민의 98퍼센트가 벵골 족이고 벵골 어를 사용하고 있지요. 원래는 인도에 속하던 지역으로 1947년 인도가 영국에서 독립할 때, 파키스탄의 일부가 되었으나 종족과 언어가 다르다는 이유로 파키스탄 정부로부터 차별을 받았어요. 벵골 족은 1952년 벵골 어를 지키자는 운동과 함께 파키스탄으로부터 독립 운동을 벌였지요. 결국 1971년 피를 흘리는 독립 전쟁을 통해 서파키스탄(지금의 파키스탄)으로부터 분리, 독립했답니다. 나라의 이름은 '벵골 국가'라는 뜻의 방글라데시로 정했고요.

세계 자연유산인 '순다르반'

방글라데시의 자랑거리 중 또 하나는 순다르반 습지예요. 인도비단뱀, 벵골호랑이, 260여 종의 조류를 비롯한 많은 동물들의 서식지로 유명한 곳이지요. 벵골 어로 '아름다운 숲'이라는 뜻이며 벵골 만 해안에서 방글라데시 오지까지 80킬로미터에 달하는 세계적인 규모의 습지예요. 순다르반에는 수많은 멸종 위기의 동식물들이 살고 있어요.

순다르반 습지.

연관 검색 　방글라데시의 타지마할, 랄 바그 요새

인도에 타지마할이 있다면 방글라데시에는 랄 바그 요새가 있어요. 타지마할을 본떠 만든 건축물로 '랄'은 빨간색을, '바그'는 성을 뜻해요. 타지마할이 흰색 대리석으로 만들었다면 랄 바그 요새는 붉은색 사암으로 만들었지요. 타지마할은 왕이 사랑하는 아내인 뭄타즈 마할이라는 죽은 왕비를 위해 지은 건축물이라면, 랄 바그 요새는 이곳 왕이 사랑하는 딸인 파리 비비를 위해 지은 건축물이에요.

랄 바그 요새.

세계의 배꼽
쿠스코 페루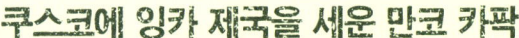

쿠스코에 잉카 제국을 세운 만코 카팍

하늘과 땅을 만든 비라코차라는 신이 있었어요. 비라코차는 태양과 달, 별을 만들고 이것들은 안데스 산맥에 있는 티티카카 호수 안의 섬에 모았어요. 그러고는 사람을 만들고 만코 카팍이라는 이름을 지어 주었지요. 비라코차는 그에게 '너와 네 자손은 많은 땅과 백성들을 정복할 것이다. 너와 네 자손은 나의 아들 '잉카'이다.'라고 말했어요. 신은 만코 카팍에게 태양을 상징하는 황금 지팡이를 주며 황금 지팡이가 쏙 빨려 드는 땅에 나라를 세우라고 했어요. 만코 카팍과 그의 여동생 마마 오클로는 티티카카 호수 북쪽에서 황금 지팡이가 가라앉는 땅을 찾았어요. 그 땅이 바로 쿠스코였어요. 만코 카팍은 쿠스코에서 농사를 짓고, 마마 오클로는 사람들에게 베를 짜는 기술을 가르쳐 주었지요.

중남미를 지배하던 제국, 잉카

잉카 족은 안데스 지역의 여러 문명 중에 남부 산악 지대를 중심으로 세력을 넓히던 부족이었어요. 이들은 13세기 무렵 안데스 산지 중앙의 쿠스코 분지에 진출했지요. 잉카 족은 쿠스코를 중심으로 국가를 세우고 15세기 초에 세력을 크게 넓혀 아메리카 대륙에서 가장 큰 제국을 건설했어요. 잉카는 1533년, 에스파냐의 피사로가 이끄는 군대에게 정복되어 멸망하기 전까지 400년 동안 대제국을 이어 나갔어요. 지금의 볼리비아, 에콰도르, 칠레, 아르헨티나의 북부 지방 모두 잉카 제국의 땅이었지요.

중남미의 배꼽 쿠스코

잉카 제국의 수도였던 쿠스코는 안데스 산맥 해발 3,399미터 지점의 분지에 있어요. 잉카 제국의 정치, 행정, 종교의 중심지였으며 한때 백만 명이 살았을 정도로 거대한 도시였지요. 쿠스코는 케추아 어로 '배꼽'이라는 말이에요. 그 뜻처럼 쿠스코는 잉카 제국의 배꼽, 즉 중남미의 중심이었지요.

연관 검색: 안데스의 독특한 벽돌, 아도베

잉카 제국의 수도였던 쿠스코뿐 아니라 안데스 지역에서 문명을 이루었던 여러 지역에서는 집을 짓는 데 아도베라는 건축 재료를 사용했어요. 아도베는 찰흙과 짚, 동물 라마의 똥을 섞어 나무틀에 찍은 벽돌이에요. 이 벽돌을 햇빛에 말리면 잘 깨지지 않고 태양열을 흡수하여 밤까지 온도를 따뜻하게 유지시켜 준답니다.

쿠스코의 황금 신전은 어디로

원래 코리칸차 신전에는 곳곳에 황금이 가득했어요. 벽은 황금으로 덮여 있었고 광장은 황금으로 만든 나무와 식물, 동물 조각들로 꾸며져 있었지요. 하지만 1533년 잉카 제국을 점령한 에스파냐 원정대는 태양 신전이었던 코리칸차를 허물고 그곳에 산토도밍고 성당을 세워 버렸어요.

코리칸차를 허물고 세운 산토도밍고 성당.

사방팔방으로 연결된 잉카 로드

잉카 문명을 이룬 사람들은 마야 문명을 이룬 사람들처럼 바퀴를 사용할 줄 몰랐어요. 그래서 소와 말을 이용한 교통수단이 없었어요. 대신에 넓은 영토에 골고루 도로망을 건설했는데 그 길을 '잉카 로드'라고 불렀지요. 또, 잉카 로드 중간마다 '차스키'라는 파발꾼을 두어 정보나 운송물을 쿠스코로 운송하게 했어요. 차스키들은 신속한 이동을 위해 떠나는 즉시 소리를 내어 신호로 보냈고, 다음 차례의 차스키가 뛸 준비를 했어요. 마치 우리가 이어달리기를 하듯 말이지요.

수수께끼의 공중 도시
마추픽추 페루 🇵🇪

"잉카 제국 사람들은 어디로 갔을까?"

미국의 예일 대학에서 중남미 역사를 가르치던 하이럼 빙엄이라는 역사 학자가 있었어요. 그는 잉카 제국에 대한 책을 읽다가 잉카 제국이 에스파냐 정복자 피사로에 의해 멸망하게 되자, 잉카 제국 사람들이 산속 깊숙한 곳에 숨었다는 이야기를 알게 되었어요. 그리고 그 도시를 찾아 나섰지요. 1911년 하이럼 빙엄은 페루의 쿠스코의 주변 깊은 계곡을 탐사하다가 해발 2,400여 미터 산 정상과 비탈에 멋진 건물들이 세워져 있는 도시를 발견했어요. 에스파냐 정복자들의 손길이 닿지 않은 유일한 잉카 유적, 바로 마추픽추였어요.

1912년, 마추픽추를 촬영한 모습.

잃어버린 도시, 공중 도시

마추픽추는 1911년에 발견되기 전에는 그저 소문만 있었을 뿐 아무도 그런 도시가 있는 줄 몰랐기에 '잃어버린 도시'라고 불렸어요. 또 산과 절벽, 숲에 가려 밑에선 전혀 볼 수 없고 오직 공중에서만 볼 수 있다 하여 '공중 도시'라고도 불렸지요. 마추픽추는 발견된 지 100년이 지난 지금까지 왜 만들어진 도시인지, 어떻게 쓰였는지에 대해 정확히 밝혀지지 않았어요. 이 도시에 대한 궁금증을 풀기 위해 많은 학자들이 조사와 연구를 했지만 아무도 정확한 이유를 밝혀내지는 못했어요. 말 그대로 수수께끼의 도시인 셈이지요. 학자들은 잉카 제국 왕의 피난처로 쓰였던 곳일 거라는 짐작과, 여름에 지내는 별장과 같은 역할을 했을 거라는 추측, 다른 지역과의 교류에서 중심지 역할을 했을 것이라는 추측 등을 하고 있답니다.

늙은 봉우리 아래 세워진 도시

마추픽추는 잉카 사람들이 사용했던 케추아 어로 '늙은 봉우리'란 뜻이에요. 늙은 봉우리라고 부르는 산 아래에 유적이 자리하고 있었기 때문에 붙여진 이름이지요. 총면적이 5제곱킬로미터, 도시 절반이 경사면에 세워져 있고, 주위는 성벽으로 견고하게 둘러싸여 요새의 모양을 갖추고 있어요. 신전과 궁전, 주민 거주 지역으로 구분이 되어 있는데 이 도시에는 약 만여 명이 살았을 것으로 짐작해요.

주거 지역으로 추측되는 곳.

여전히 수수께끼의 도시

마추픽추에는 가파른 산비탈을 일궈 만든 계단식 밭, 경작지에 물을 대기 위해 설치한 배수 시설, 태양의 신전, 지붕 없는 집, 농사짓는 데 이용한 태양 시계 같은 구조물이 고스란히 남아 있어요. 당시에는 지금처럼 발달된 건축 장비가 없었을 텐데, 어떻게 높고 가파른 곳에 배수 시설까지 갖춘 도시를 건설했을까요? 여전히 풀리지 않는 수수께끼가 남아 있지요.

잉카 인들이 사용한 케추아 어, 그러나 문자는 없었다?

잉카 인들은 '케추아'라는 언어를 사용했지만 문자를 따로 발명하지는 않았어요. 처음에는 문자가 있었으나 황제가 사용을 금지했다고 주장하는 학자들도 있어요. 잉카 인들이 문자를 사용하지 않았던 것이 잉카 문명의 많은 부분이 베일 속에 가려져 있는 이유이기도 하지요.

노예 무역의 아픈 역사가 숨 쉬는
고레 섬 세네갈

아프리카 대서양 연안의 작은 섬

아프리카 대륙의 서쪽 끝 지점, 대서양 연안에 세네갈이라는 나라가 있어요. 세네갈의 수도 다카르 동쪽 3킬로미터 앞바다에는 '고레'라는 작은 섬이 있고요. 길이는 900미터, 폭은 300미터인 이 작은 섬은 노예 무역의 중계지로 이름 높던 곳이에요.

노예 무역의 중심지

유럽의 여러 나라는 고레 섬을 차지하기 위해 다툼을 벌였어요. 노예선의 출발지로 좋은 조건을 갖춘 곳이었으니까요. 고레 섬은 포르투갈, 네덜란드, 영국, 프랑스에 의해 연달아 지배를 받았고, 노예 무역의 근거지가 되었지요. 고레 섬은 약 300년간 노예 무역의 중심지로 번영했어요. 노예 무역이 폐지되던 1815년 이후에는 점차 쇠퇴했지요.

17세기에 그려진 고레 섬.

노예가 되지 못하면?

성인 남자 노예를 고르는 기준은 몸무게였어요. 적어도 '몸무게가 60킬로그램 이상'이 나가야 노예의 가치를 인정받았지요. 몸무게가 60킬로그램이 되지 않으면 억지로 가둬 두고 콩을 먹이기도 했어요. 체격 기준을 통과한 사람들은 앞마당에서 경매를 통해 팔려 갔어요. 하지만 몸이 허약하거나 아픈 사람들은 쓸모없는 물건처럼 앞바다에 던져졌지요. 당시 고레 섬 앞바다에는 식인 상어들이 많았다니, 노예로 선발되지 못하면 목숨을 잃는 비극적인 상황이었어요.

물건처럼 사고 팔렸던 사람들

1492년 콜럼버스가 신대륙을 발견한 뒤, 에스파냐와 포르투갈을 시작으로 유럽의 강대국들은 아메리카 대륙을 정복하여 그곳에 살던 원주민들을 노예로 삼았어요. 노예가 된 원주민들은 아메리카의 광산 개발, 사탕수수와 담배 재배 농장에서 노동에 시달려야 했지요. 그러다가 아메리카 원주민의 숫자가 크게 줄어들자 유럽의 강대국들은 아메리카 원주민 대신 아프리카 대륙의 흑인들을 노예로 수입했어요. 심지어는 그들을 사고파는 노예 무역을 벌였지요.

연관 검색 노예 해방의 역사

사람을 물건처럼 사고팔던 노예 제도는 사실 아주 옛날부터 다양한 형태로 존재해 왔어요. 18세기 중반에 이르러서 '흑인들은 노예'라는 잘못된 편견이 생겨난 것이지요. 19세기에 서구 국가들이 여러 차례 대대적인 노예 해방을 선언하고, 노예 무역을 불법화했지만, 노예라는 개념이 쉽게 없어지지는 않았어요. 유럽에서는 1880년대까지 노예 무역이 불법으로 행해졌어요. 심지어 아프리카에서는 1910년대까지 노예 무역이 계속되었고요.

노예의 집, 참혹한 역사

고레 섬에는 노예 무역으로 부자가 된 사람들의 대저택과 노예로 끌려온 흑인들이 살던 '노예의 집'이 그대로 남아 있어요. 노예의 집은 현재 박물관으로 사용되고 있는데, 박물관에는 비참한 노예들의 역사를 보여 주는 여러 가지 유물이 전시되고 있어요. 창문조차 없는 건물에, 녹슨 쇠사슬이 걸려 있는 벽들을 보면 노예들의 끔찍했던 삶과 모습을 기억할 수 있어요. 인간 착취의 슬프고도 아픈 역사가 이루어졌던 곳에서 인간의 존엄성에 대해 배울 수 있지요. 유네스코는 1978년 슬픈 역사의 현장인 이 섬을 세계 문화유산으로 지정했어요.

노예 해방을 나타낸 조각상.

세계에서 가장 작은 나라
바티칸 시국

바티칸 시국

독립 국가 바티칸

도시 국가 바티칸 시국은 이탈리아 영토 안에 있지만 엄연한 독립국으로 화폐와 우표를 발행하며 국기도 따로 있어요. 나라를 다스리는 군주는 로마 가톨릭의 교황이고요. 인구 약 1천 명의 작은 국가이지만 국가 전체가 가톨릭의 순교지이자 유적지예요. 또한 르네상스 시대 최고의 화가, 조각가, 건축가들의 작품들이 모여 있지요. 이곳을 대표하고 상징하는 곳은 성 베드로 성당과 바티칸 궁전이랍니다.

↘ 바티칸 시국.

베드로의 무덤 위에 성당을 세웠어

성 베드로 대성당은 로마 제국의 콘스탄티누스 황제가 예수의 첫 번째 제자인 베드로의 무덤 위에 세운 성당이었어요. 16세기에 브라만테와 미켈란젤로 등 당시 최고의 건축가와 조각가들에 의해 르네상스 양식으로 다시 지어졌지요.

↘ 성 베드로 대성당.

국왕이 아니라 교황이 살던 궁전

바티칸 궁전은 유럽은 물론이고 세계에서 가장 아름다운 궁전으로 손꼽혀요. 바티칸 궁전은 원래 500년 무렵, 성 베드로 대성당 옆에 교황이 생활하는 공간으로 지어진 평범한 건물이었어요. 그런데 1377년, 교황 그레고리 11세가 바티칸 궁전을 교황의 궁전으로 정한 뒤 수백 년에 걸쳐 고쳐 지었지요.

바티칸 정원

궁전이 미술관과 도서관이 되었어

바티칸은 1473년부터 10년 넘게 궁전 안에 시스티에나 성당을 지었으며, 1508년부터 미켈란젤로와 라파엘로 등 당대 최고의 미술가가 궁전과 성당 내부에 명작을 남겼어요. 미켈란젤로의 〈천지창조〉, 〈최후의 심판〉, 라파엘로의 〈아테네 학당〉 등이 그것이에요. 현재 바티칸 궁전은 대부분 미술관과 도서관으로 이용되고 있어요.

미켈란젤로의 〈천지창조〉

미켈란젤로가 시스티에나 성당의 천장에 그린 그림으로 르네상스 미술 가운데 가장 위대한 작품 중 하나예요. 천지 창조부터 대홍수까지 구약 성서 《창세기》의 아홉 가지 장면을 중심으로 등장인물이 343명이나 되는 어마어마한 규모의 작품이에요. 그중 〈아담의 창조〉는 하느님이 최초의 인간 아담에게 생명의 힘을 불어 넣고 있는 순간을 그린 그림이에요.

라파엘로의 〈아테네 학당〉

라파엘로가 바티칸 궁전 내부에 그린 벽화 〈아테네 학당〉은 미켈란젤로의 〈천지창조〉와 함께 세계 미술사에 길이 남을 작품이에요. 인류 역사와 문화 발달에 영향을 끼친 천문학자, 수학자, 철학자 등 고대의 위대한 학자들이 한 공간에 담겨 있지요.

바티칸 도서관
시스티에나 성당
바티칸 궁전
성 베드로 대성당

↳ 산치오 라파엘로, 〈아테네 학당〉.

르네상스 미술의 대표 작품
산타마리아 델레 그라치에 성당

이탈리아

예수와 제자들의 마지막 저녁 식사

지오토, 두치오 등 중세 시대의 화가들은 '최후의 만찬'을 주제로 그림을 즐겨 그렸어요. 최후의 만찬이란 예수 그리스도가 십자가에 못 박히기 전 날, 제자들과 함께했던 마지막 식사를 말해요. 레오나르도 다 빈치가 그린 〈최후의 만찬〉은 산타마리아 델레 그라치에 성당 식당에 벽화로 그려진 그림이랍니다.

산타마리아 델레 그라치에 성당.

"너희 가운데 한 사람이 나를 팔리라"

예수는 최후의 만찬 중에 "너희 중에 한 사람이 팔리라."라며 제자 중에 한 명이 자신을 배신할 것을 예언했어요. 이에 제자들이 깜짝 놀라 "그게 저입니까?"라고 물었어요. 다 빈치의 최후의 만찬은 이때, 예수의 예언에 서로 다른 반응을 보이는 제자 12명의 움직임과 표정을 훌륭하게 포착했답니다.

연관 검색 르네상스는 뭘까?

르네상스는 이탈리아 어로 '재생'을 뜻하는 '리니시타'에서 생겨난 말이에요. '신'이 세상의 중심이었던 중세 시대의 문화와 예술을 고대 그리스와 로마 시대의 '인간' 중심으로 되돌리자는 운동이지요. 인간의 개성과 자유를 존중하자는 주장과 함께 새로운 시도와 다양한 실험이 이루어졌어요. 시기적으로는 중세와 근대 사이인 14세기에서 16세기이며, 이탈리아 중부의 피렌체를 중심으로 시작되어 독일, 네덜란드, 프랑스 등 유럽 곳곳으로 퍼져 나갔어요.

르네상스 최고의 화가 레오나르도 다 빈치

레오나르도 다 빈치는 세계적인 걸작으로 평가받는 〈최후의 만찬〉을 그렸어요. 그는 화가로서 뿐만 아니라 과학자, 발명가로 르네상스를 상징하는 인물이기도 해요. 또, 레오나르도 다 빈치의 대표작이라 할 수 있는 〈모나리자〉라는 작품도 있어요. 두 그림 모두 수많은 예술가들에게 영감과 영향을 준 작품으로 지금까지도 훌륭한 작품으로 평가받고 있지요.

레오나르도 다 빈치, 〈자화상〉, 〈모나리자〉.

르네상스 최고의 건축가 도나토 브라만테

이탈리아 밀라노에 있는 산타마리아 델레 그라치에 성당은 1463년에 지어진 건물로, 1492년에 도나토 브라만테가 새롭게 고쳐 지었어요. 브라만테는 이탈리아의 건축가로 르네상스를 대표하는 예술가 중 한 명이에요. 바티칸 궁전과 성 베드로 대성당도 건축했지요.

도나토 브라만테.

유럽의 골동품
룩셈부르크 중세 요새 도시

룩셈부르크

작은 성, 룩셈부르크

963년, 지그프리트 백작이 룩셈부르크 지역의 한 바위산을 사서 성을 지었어요. 백작의 하인과 군인들이 성 주변에 정착해 살면서 바위산 주변은 점차 요새 도시가 되었지요. 요새 도시는 외적의 침입을 막을 수 있는 성벽을 쌓은 도시를 말해요. 바로 이 요새 도시가 룩셈부르크랍니다. 룩셈부르크는 '작은 성'이라는 뜻을 갖고 있어요.

유럽 최고의 요새 도시

요새 도시, 룩셈부르크는 15세기까지 지그프리트 백작 가문의 영토로 이어졌어요. 그러고는 부르고뉴 가문, 합스부르크 가문, 프랑스, 네덜란드, 프로이센이 차례로 지배하며 더욱 강력한 요새 도시로 발달했지요. 이렇게 룩셈부르크는 유럽을 대표하는 요새 도시로 훌륭한 군사 건축물의 기준이 되었어요. 수 세기 동안 유럽 역사에 중요한 역할을 했어요.

1560년경 그려진 룩셈부르크의 지도.

주교 도시와 성채 도시

중세에 번영한 서유럽 도시를 중세 도시라고 해요. 중세 도시는 주교 도시와 성채 도시를 기원으로 이루어진 경우가 많았어요. 주교 도시는 교회나 수도원을 중심으로 발달한 도시를, 성채 도시는 성벽으로 둘러싸인 도시로 요새 도시를 말해요.

유럽의 골동품 룩셈부르크

나폴레옹은 룩셈부르크 중세 요새 도시를 역사와 전통이 잘 보존되어 있다는 이유로 '유럽의 골동품'이라고 불렀어요. 천연의 자연환경을 배경으로 요새와 구 시가지 같은 중요한 유적이 잘 보존되고 있지요. 또 깊은 계곡이 내려다보이는 절벽 위에서 바라보는 경치가 아름다워 관광 도시로도 알려져 있어요.

룩셈부르크의 풍경.

룩셈부르크의 이모저모

룩셈부르크의 수도는 룩셈부르크예요. 나라 이름과 수도 이름이 똑같지요. 수도는 룩셈부르크 시티라고 부르기도 해요. 룩셈부르크의 면적은 2,586제곱미터로 홍콩의 두 배쯤 된답니다. 서울의 4배, 경기도의 4분의 1 정도지요.

연관 검색 　세계 문화유산이 된 중세 요새 도시들

• 카르카손 요새 도시 : 유럽에 남아 있는 고대와 중세 도시 가운데 가장 완벽한 요새 도시의 모습을 갖추고 있는 곳으로, 프랑스에 위치해 있어요. 성곽 안에 자리 잡은 궁전과 성당을 비롯하여 신작로와 골목을 따라 크고 작은 상점과 주택을 볼 수 있지요. 중세 사람들이 어떻게 살았는지 잘 보여 주는 도시예요.

▲ 카르카손 요새의 성벽.

• 로도스 요새 도시 : 그리스 남부의 로도스 섬은 1309년 성 요한 십자군 기사단이 건설한 요새 도시예요. 십자군 전쟁 당시, 기사단이 이곳에 성벽과 해자로 둘러싸인 요새를 만들고 이슬람 세력과 전투를 벌이며 로도스 섬을 지켰지요. 기사단장의 궁전, 기사단의 병원, 기사의 거리 등이 있는 위쪽 지대는 고딕 건축물이, 낮은 지대는 오스만 제국 시절의 모스크, 대중목욕탕 등이 유적으로 남아 있어요.

▲ 로도스 요새 도시의 성 니콜라우스 요새.

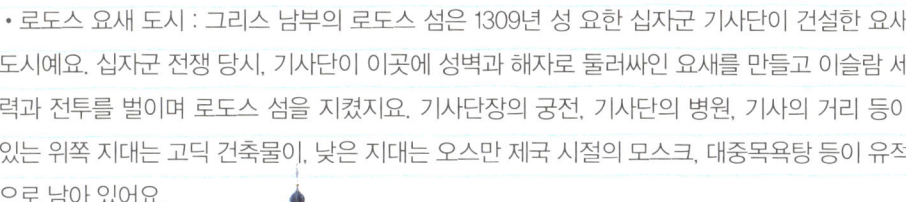

대항해 시대의 역사
벨렘 탑
포르투갈

새 항로를 찾아라!

유럽의 남서부 대서양과 지중해 사이에 이베리아 반도가 있어요. 이베리아 반도에는 에스파냐와 포르투갈, 두 나라가 있지요. 두 나라는 15세기경부터 경쟁적으로 지중해를 거치지 않고 아시아와 신대륙으로 가는 새로운 항로를 찾으려고 노력했어요. 그 시작은 포르투갈의 엔히크 왕자였어요. 그는 북아프리카의 세우타를 정복하고 그곳을 중계 무역에 이용해 막대한 돈을 벌었어요. 유럽 각국의 항해가, 천문학자, 조선공, 지도 제작자를 초빙하여 여러 항해 기기를 개발하고 선박을 개량하며 신항로 개척에 앞장섰지요.

새 항로를 개척한 기념탑!

포르투갈의 바르톨로메우 디아스는 1488년에 아프리카 대륙 최남단의 희망봉을 발견했어요. 그리고 이번에는 바스코 다 가마가 포르투갈의 국왕 마누엘 1세로부터 인도 항로 개척의 원정 대장으로 임명되었어요. 바스코 다 가마는 1497년, 리스본을 출발하여 1498년에 희망봉을 돌아 인도에 도착하여 신항로를 개척했지요. 포르투갈의 국왕은 바스코 다 가마의 신항로 개척의 업적을 기리기 위해 멋진 탑을 세우게 했어요. 1515년에서 1521년에 걸쳐 리스본의 테주 강변 강물과 바닷물이 만나는 지점에 독특한 모양의 거대한 탑이 세워졌지요. 바로 벨렘 탑이에요.

발견의 탑

벨렘 탑 옆에는 또 하나의 탑이 있어요. 항해 중인 범선 모양을 본떠 만든 거대한 탑이지요. 1960년, 엔히크의 사후 500년을 기념하여 세운 '발견의 탑'이에요. 이 탑의 뱃머리 맨 앞에는 엔히크 왕자가, 그 뒤에는 바스코 다 가마, 모험가, 천문학자, 선교사가 조각돼 있어요. 광장 안의 대리석 바닥에는 전성기 당시 포르투갈이 지배하던 나라들을 표시한 세계 지도가 그려져 있답니다.

엔히크 기념비, 발견의 탑.

대항해 시대와 지리상의 발견

15세기 초 포르투갈 엔히크 왕자의 아프리카 항로 개척을 시작으로 하여, 콜럼버스의 아메리카 대륙 발견을 거쳐, 16세기~18세기 중반에 이르기까지 유럽의 배들이 세계를 돌아다니며 항로를 개척하고 탐험과 무역을 하던 시기를 대항해 시대라고 해요. 그 과정에서, 유럽인들은 아메리카 대륙과 같은 지리적 발견을 달성했지요. 1492년 콜럼버스는 에스파냐 왕실의 후원을 받아 아메리카 대륙을 발견했으며, 1519년 ~1522년에 포르투갈의 항해사 마젤란은 세계 일주에 성공했어요.

테주 강의 귀부인

벨렘 탑은 하얀색 탑의 모양이 드레스 자락을 늘어뜨린 귀부인의 모습과 닮았다고 해서 '테주 강의 귀부인'이라는 별명이 있어요. 또 건물 모퉁이마다 감시탑이 있어서, 등대나 요새처럼 보이기도 해요. 한때는 정치범을 가두는 감옥으로 사용되기도 했답니다.

벨렘 탑의 감시탑.

혁명의 도시
아바나 쿠바

카리브 해의 진주, 쿠바

쿠바는 북아메리카와 남아메리카 대륙 사이에 위치하고 있는 나라예요. 대서양과 카리브 해를 접하고 있어 카리브 해의 진주라고 불리지요. 하지만 이렇게 아름다운 땅은 1514년, 에스파냐에게 정복당하고 말아요. 쿠바는 에스파냐의 식민지가 되었고, 원주민들은 금을 캐고 사탕수수를 재배하는 등 강제 노동에 시달려야 했어요.

독립을 위한 전쟁의 역사

쿠바에서는 에스파냐의 식민 지배에 반대하여 1868년에는 제1차 쿠바 독립 전쟁이, 1895년~1898년에는 제2차 독립 전쟁이 일어났어요. 1898년, 아바나 항에 정박 중이던 미국 군함에서 의문의 폭발 사고가 일어나자, 미국은 이를 구실 삼아 에스파냐와 전쟁을 벌였지요. 이 전쟁에서 미국이 승리하며 쿠바는 독립을 맞게 되었어요.

독재에 맞선 혁명가들

하지만 독립의 기쁨도 잠시, 미국이 쿠바의 정치에 간섭하기 시작했어요. 쿠바에서는 미국을 따르는 독재 정권이 계속되었지요. 이에 맞선 변호사 출신의 정치가 카스트로는 체 게바라 등과 게릴라군을 조직하여 정부에 맞섰어요. 그리고 1959년 1월, 혁명으로 총리 자리에 앉게 되었어요. 카스트로가 총리가 된 후 쿠바는 사회주의 체제를 택하여 미국을 멀리하고 소련과 친하게 지냈답니다.

중앙아메리카의 관문, 아바나

아바나는 쿠바의 북서 해안에 있는 도시로 쿠바를 대표하는 항구 도시예요. 1519년, 에스파냐가 아메리카 신대륙 지배를 위한 식민 기지로 건설하여 무역 중계지로 삼았어요. 멕시코나 페루에서 가져오는 보물을 싣고 에스파냐로 향하는 함대가 머무는 곳으로, 1607년에는 쿠바의 수도가 되었지요. 아바나는 식민 도시의 모습이 잘 남아 있는 곳이며 쿠바의 역사와 문화를 느낄 수 있는 유적이기도 해요.

아름다운 자연과 혁명의 역사

하지만 이후의 쿠바는 미국과 주변 국가들로부터 외톨이가 되어 경제적인 어려움을 겪었어요. 여기에 소련의 붕괴로 더욱 고립되어 어려움이 더해졌지요. 그러나 쿠바 국민들은 쿠바가 혁명으로 세운 나라라는 자부심과 낙천적인 국민성을 바탕으로 아름다운 자연과 혁명의 역사, 독특한 문화를 이어가고 있어요.

역사를 담은 요새와 옛 시가지

아바나는 유럽으로 향하는 보물을 실을 배들이 모이는 곳이어서 해적들이 자주 나타났어요. 이 때문에 이에 대비한 방어 시설로 도시 곳곳에 요새가 만들어졌어요. 또한 아바나의 옛 중심부는 바로크와 신고전적인 건축물들이 파란 하늘과 푸른 바다에 멋지게 어울려 있지요.

아바나의 중심가와 대극장.

옛 시가지 거리.

연관 검색	쿠바의 대표적인 두 인물

- 체 게바라 : 체 게바라는 아르헨티나의 중산층 가정에서 태어나 부에노스아이레스 의과 대학에 다니던 평범한 청년이었어요. 그러나 친구와 함께 오토바이 여행을 하던 중 라틴 아메리카의 가난과 고통을 체험하고, 이들을 돕기로 결심했지요. 체 게바라는 이후 1956년 쿠바 반정부 혁명군에 들어가 혁명을 위해 싸웠답니다.
- 어니스트 헤밍웨이 : 《노인과 바다》라는 작품으로 노벨 문학상을 수상한 미국의 소설가예요. 쿠바의 수도 아바나에서 7년간 살면서 작품을 쓰며 노후를 보냈는데 쿠바 혁명 이후 1960년 미국으로 추방되었어요. 《노인과 바다》도 쿠바 아바나에서 쓴 작품이며 지금도 아바나에는 헤밍웨이의 유품 일부와 사진들이 보존되어 전시되고 있어요.

무굴 제국의 역사와 영광
아그라 요새 인도

"아그라에 웅장한 요새를 지어라!"

인도의 북부 지방에는 야무나 강이 있어요. 그리고 야무나 강 오른쪽 기슭에 '아그라'라는 도시가 있지요. 1558년, 무굴 제국의 제3대 황제 악바르는 나라의 수도를 델리에서 아그라로 옮겼어요. 악바르는 아그라에 웅장한 요새를 지었지요. 악바르는 무굴 제국의 기틀을 다진 인물이었어요. 영토를 크게 넓히고, 이슬람교 사람들뿐 아니라 아닌 힌두교 사람들과도 사이좋게 지냈어요. 또 문화와 예술을 장려한 훌륭한 황제였어요.

'붉은 요새' 아그라 성

아그라 요새는 1565년에 만들어졌어요. 붉은 사암으로 2.5킬로미터의 성벽을 쌓고, 성벽 둘레에는 적의 침입을 막기 위해 작은 강을 만들어 놓았어요. 성 안에는 아름다운 궁전을 지었고요. 아그라 요새는 붉은 성벽으로 둘러싸여 있어서 '붉은 성', '붉은 요새'라는 별명도 있었지요. 아그라 요새는 인도 무굴 제국 때의 요새이자, 궁전으로 무굴 제국의 역사와 영광을 고스란히 보여 주는 유적이에요.

↳ 무굴 제국의 3대 황제 악바르.

↳ 아그라 요새 입구.

튼튼한 요새 속의 아름다운 궁전들

악바르 황제가 죽은 뒤에도 아그라 요새에는 크고 멋진 이슬람 궁전들이 지어졌어요. 특히 악바르의 손자인 샤 자한이 무굴 제국을 다스릴 때에는 외적의 침입을 막는 요새나 성의 기능뿐 아니라 황제가 지내는 화려한 궁전의 기능까지 더하게 되었지요.

아그라 성에 갇힌 샤 자한

죽은 아내를 위해 타지마할→162쪽 을 지은 샤 자한은 타지마할뿐 아니라 여러 건축물을 지었어요. 하지만 아들 아우랑제브에게 왕위를 빼앗기고 말았지요. 그 뒤 샤 자한은 타지마할이 보이는 아그라 성의 한 탑에 감금되어 평생을 타지마할만 바라보면서 살다가 죽고 말았어요. 죽은 뒤에는 그토록 사랑하던 왕비 뭄타즈 마할과 함께 묻혔다고 해요.

↳ 샤 자한이 갇혔던 무삼만 버즈.

연관 검색 — 샤 자한의 화려한 시절이 끝나며 흔들리기 시작한 무굴 제국

인도를 다스렸던 무굴 제국은 샤 자한이 다스릴 때 전성기를 누렸으며, 그 뒤로부터 쇠퇴하기 시작했어요. 샤 자한의 아들인 아우랑제브가 왕위에 오르면서 관리들의 규율은 문란해지고, 무거운 세금에 반대하는 농민들의 반란이 계속되었어요. 주변의 아리아 족 제후들은 무굴 제국 황제의 뜻을 따르지 않았고, 남쪽 데칸 지방에 힌두교도들이 세운 마리타 왕국은 무굴 제국의 정벌군을 격파하기도 했어요. 이처럼 어지러운 배경에서 아루랑제브가 죽자, 무굴 제국은 급속히 무너지기 시작했고, 결국 인도는 영국의 지배를 받게 되었지요.

백로를 닮은 성
히메지 성 일본

도쿠가와 이에야스의 사위가 지은 성

효고 현의 중심지인 고베에서 약 50킬로미터 정도 떨어진 히메지에 도쿠가와 이에야스의 사위인 이케다 테루마사가 살고 있었어요. 그는 1601년, 1333년에 처음 지어졌던 히메지 성을 고쳐 지었어요. 성은 9년에 걸쳐 완성되었지요.

히메지 성의 조감도.

막부와 전국 시대의 상징물, 히메지 성

일본의 막부 시대와 전국 시대에는 영주들이 성을 세우고 자신의 정치적인 근거지로 삼았어요. 하지만 시간이 흘러 점차 성이 본래의 기능을 넘어서 영주들의 권위를 상징하는 기능을 하게 되었어요. 성은 점점 더 웅장하고 호화로운 모습을 띠게 되었지요. 히메지 성이 그 대표적인 예랍니다.

독특한 구조로 이루어진 건물

히메지 성은 일본 성곽 건축을 대표하는 것으로, 바닥에 15미터의 돌담을 쌓고 그 위에 세운 성이에요. 대천수각과 소천수각 등 83개의 건물로 이루어져 있지요. 대천수각은 밖에서 보면 5층이지만 안은 7층인 독특한 구조예요. 높이는 92미터에 이르러요.

대천수의 구조 모형.

적의 침입을 막기 위해 설계된 건물

히메지 성의 복도는 좁고 구불구불한 미로처럼 되어 있어요. 성 주위에는 도랑과 함정을 만들어 두었어요. 또한 담의 기울기가 90도보다 커서 침입자가 쉽게 담을 넘거나 건물 안으로 들어오지 못하게 만들어져 있어요.

백로의 모습을 닮은 건물

지붕을 덮은 기왓장을 제외하고는 성벽과 기둥, 추녀에 이르기까지 대부분이 흰색을 띠고 있어요. 화재에 대비하여 회반죽을 칠했기 때문이지요. 히메지 성의 하얀 외벽과 그 위를 덮은 기와의 모습은 한 마리의 백로가 춤추는 모습처럼 보이기도 해요. 그래서 '백로성'이라는 별명도 있답니다.

연관 검색 | 히메지 성을 지은 목수가 성에서 뛰어내린 이유는?

히메지 성을 지은 목수는 아내에게 웅장하고도 아름다운 히메지 성을 보여 주었어요. 그런데 아내가 성이 조금 기울어졌다고 말하는 게 아니겠어요? 크게 실망을 한 목수는 성에서 뛰어내려 스스로 목숨을 끊고 말았어요. 그런데 1956년, 이 성을 해체 수리할 때 보니 성이 동남쪽으로 미세하게 기울어져 있었지만, 사실은 성의 건물이 틀어진 게 아니었어요. 건물의 동쪽과 서쪽을 받치고 있던 기반석이 서로 다르게 내려앉았던 것이에요.

대상들의 휴게소
이찬 칼라   우즈베키스탄

대상들의 쉼터, 오아시스 도시 히바

중앙아시아의 우즈베키스탄에는 히바라는 도시가 있어요. 대상들이 페르시아로 이어지는 사막을 건너기 전에 마지막으로 휴식을 취하던 오아시스였지요. 히바는 직사각형 모양에 2중 성벽으로 둘러싸여 있어요. 외부의 침입을 막기 위해 세워진 바깥쪽 성을 '디샨 칼라'라고 하고 성벽 안쪽 성과 도시를 '이찬 칼라'라고 해요.

10미터의 성벽으로 둘러싸인 마을

이찬 칼라는 높이 10미터의 성벽으로 둘러싸인 마을이에요. 남북 길이 650미터, 동서 길이 400미터이지요. 그 안에는 20개의 모스크, 20개의 마드라사, 6개의 미나레트 등의 이슬람 건축물과 19세기 초에 지어진 웅장한 궁전 등이 있어요. 사막에서 오랜 시간 잘 보존된 이슬람 건축과 문화를 만날 수 있는 곳이지요.

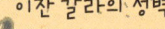
이찬 칼라의 성벽

이슬람 신학교 마드라사

마드라사란 일반 학교보다 좀 더 높은 수준의 공부를 하는 이슬람의 전통 학교를 말해요. 교육 시설을 뜻하는 아라비아 어이지요. 하지만 이는 시간이 흘러 오늘날에는 이슬람 성직자를 배출하는 신학교를 뜻하는 말이 되었어요. 마드라사는 이슬람 세계에 널리 세워져 있어서 작은 마을에도 하나 이상, 대도시에서는 수십 개에서 100개가 넘게 있었다고 해요.

사막의 등대 미나레트

미나레트는 이슬람교의 예배당인 모스크의 일부를 이루는 높고 뾰족한 탑을 말해요. 예배나 기도의 시작을 알리기 위해 세워진 탑이에요. 미나레트라는 이름은 '등대'라는 뜻의 미나라에서 유래되었어요. 미나레트가 이슬람 신도를 불러 모으기도 했지만, 실제로 사막에서 등대 역할을 하기도 했답니다.

박물관 도시에서 사는 사람들

이찬 칼라는 성 전체가 마치 동화책에 나오는 아라비안나이트의 도시처럼 보여요. 1990년에는 유네스코 세계 문화유산에 지정되었어요. 이찬 칼라 성 안에는 약 120가구, 400여 명의 주민들이 유적과 함께 어울려 살고 있어요. 또 주민들은 세계 문화유산 속에 살고 있다는 자부심이 대단하답니다.

성벽 안의 유적.

연관 검색 국가 이름 끝의 '스탄'이라는 말은

우즈베키스탄 주변에 있는 카자흐스탄, 투르크메니스탄, 키르기스스탄, 타지키스탄 등 중앙아시아 나라 이름 뒤에는 모두 '스탄'이라는 단어가 들어가요. 스탄(Stan)이란 땅이나 영토를 뜻하는 고대 인도·유럽 어족 언어에서 유래된 것이에요. 스탄은 인도·유럽 어족에 속하는 페르시아 어로, 지방이나 나라를 뜻하는 접미사랍니다.

157

여기가 프랑스가 아니라고?
퀘벡 역사 지구 캐나다 🇨🇦

세계에서 두 번째로 땅이 큰 나라

북아메리카 대륙, 어마어마하게 넓은 땅을 지닌 국가가 있어요. 러시아에 이어 세계에서 두 번째로 땅이 넓은 캐나다예요. 캐나다는 1497년 영국인이 최초로 발견하고, 1553년 프랑스 인이 상륙한 뒤로 영국과 프랑스가 이 땅을 차지하기 위해 다투기도 했어요. 이후 캐나다는 영국에게 식민 지배를 받다가 1931년 독립국이 되었으며, 1951년에는 정식 국명을 캐나다로 정했어요. 1982년에는 독자적인 헌법이 선포되며 주권 국가가 되었어요.

영국과 프랑스의 문화가 함께하는 곳

캐나다는 영국과 프랑스가 진출했던 나라여서 영국 사람들이 살던 곳과 프랑스 사람들이 살던 곳으로 나뉘어져 있었어요. 온타리오 주의 토론토는 영국 사람이, 퀘벡과 몬트리올은 프랑스 사람들이 주로 살았지요. 그래서 캐나다는 북아메리카에서 보기 드문 성곽 도시로 요새화된 식민지 도시의 모습을 갖고 있어요. 유럽인이 아메리카 대륙에 정착했던 역사를 만날 수 있는 곳이기도 하지요.

북아메리카의 이름난 성벽 도시

캐나다 중에서도 퀘벡은 17세기 초 프랑스 탐험가가 건설한 도시로 북아메리카에서 이름난 성곽 도시예요. 오늘날까지 요새, 방어 시설 등이 잘 보존되어 있어서 마치 중세 시대 프랑스나 유럽의 성곽 도시를 보는 듯해요.

1876년에 그려진 퀘벡 성벽.

프랑스 같은 도시

절벽 위에 세워진 퀘벡의 어퍼 타운에는 노트르담 대성당 등 교회, 수도원, 프랑스풍 호텔인 샤토 프롱트낙과 같은 역사적인 건물들이 남아 있어요. 아래 지역에 건설된 로어 타운과 세인트로렌스 강 주변 지역에는 식민지 도시의 건물들이 세워져 있고요.

샤토 프롱트낙 호텔.

퀘벡 노트르담 대성당

퀘벡의 노트르담 대성당은 아주 오랜 역사를 갖고 있어요. 북아메리카 대륙에서 가장 오랜 역사를 지닌 성당이지요. 여러 번 화재가 일어났지만, 1922년에 재건축하면서 지금은 최초에 지어졌던 모습 그대로 보존되어 있어요. 성당 내부에 들어서면 누구든 아름다운 스테인드글라스와 화려한 제단에 눈길을 사로잡혀요. 퀘벡의 노트르담 대성당은 퀘벡을 상징하는 건축물이자, 관광객의 발길이 끊이지 않는 관광 명소랍니다.

퀘벡의 노트르담 대성당.

연관 검색 ｜ **캐나다의 수도는 오타와!**

캐나다의 수도는 어디일까요? 캐나다를 지배했던 영국의 중심지인 토론토, 프랑스가 건설한 퀘벡이나 몬트리올일까요? 1841년에 온타리오 주와 퀘벡 주가 합쳐지며 캐나다의 수도를 온타리오 주의 킹스턴으로 정했어요. 그러나 수도가 적국인 미국의 국경과 너무 가까워 다른 곳으로 정하려고 하자 토론토, 몬트리올 등 여러 도시가 서로 경쟁했어요. 경쟁이 너무 심해 자체적으로 결정할 수 없게 되자, 1858년 빅토리아 여왕이 온타리오 주와 퀘벡 주의 경계가 만나는 오타와를 수도로 정하여 갈등을 해결했어요. 오타와는 영국 문화와 프랑스 문화가 함께 공존하는 지역이랍니다.

세상의 절반 이스파한
이맘 광장 이란

이스파한을 보면 세상의 절반을 보는 것

이스파한은 사파비 왕조 때의 수도예요. 페르시아의 속담에는 "이스파한은 세상의 절반이다."라는 말이 있어요. 이 속담은 이스파한이라는 도시가 큰 번영을 누렸던 시절을 배경으로 하고 있지요.

시아파 이슬람교를 국교로 삼은 사파비 왕조

사파비 왕조는 1501년 만들어진 페르시아 독립 왕조예요. 이슬람의 한 갈래인 시아파 이슬람교를 국교로 정하고, 200년 넘게 번영을 누렸어요. 사파비 왕조는 아라비아 어의 술탄 칭호를 쓰지 않고 페르시아 어의 존칭인 '샤'를 사용했으며, 이란의 민족주의를 강조했어요.

사파비 왕조를 상징하는 이맘 광장

사파비 왕조의 제5대 황제 아바스 1세의 지시로 이스파한에 지어진 이맘 광장은 사파비 왕조를 상징하는 궁전이에요. 이맘 광장은 '샤 광장'이라고 불리기도 했어요. 이맘 광장은 번잡한 시가지의 광장과는 달리 직사각형으로 둘러싸인 건물 안쪽에 널따란 광장이 있지요. 중국의 천안문 광장 다음으로 세계에서 두 번째로 큰 광장이에요.

폴로 경기가 이루어졌던 이맘 광장

오늘날에는 분수대가 설치되어 있지만, 예전에는 폴로 경기장으로 쓰였어요. 폴로란 네모난 경기장에서 말을 타고 달리며, 기다란 나무를 이용해 상대방의 골문에 공을 넣는 경기예요. 폴로는 기원전 600년경 페르시아에서 시작된 것으로 짐작하는데, 아바스 1세는 이 폴로 경기를 아주 좋아 했답니다.

아바스 1세의 초상화.

직사각형 형태의 아케이드 건물

궁전은 남북으로 510미터, 동서로 160미터 규모의 직사각형 형태를 갖고 있어요. 2층 구조의 아케이드에 의해 사방을 둘러싼 주요 건축물들이 연결되어 있고요. 아케이드는 죽 늘어선 기둥 위에 아치를 연속적으로 만든 건물이나 아치형의 지붕이 있는 통로를 말해요. 특히 양쪽에 상점이 있는 통로를 가리키기도 하는데 그래서인지 광장과 아케이드 주변으로 상인들이 모여 장사를 했어요.

파스칼 코스트, 〈이맘 광장〉.

아라베스크 풍의 모스크

광장 서쪽에는 아바스 왕이 살았던 궁전인 알리카푸가, 남쪽 벽면에는 웅장한 이맘 모스크가, 동쪽 벽면으로는 작은 규모의 쉐이크 루홀라 모스크가 위치해 있어요. 이 모스크는 다양한 색채의 아라베스크 모자이크로 꾸며진 내벽과 돔 장식이 사파비 왕조 건축 양식을 잘 보여 주어요.

| 연관 검색 | 아라베스크란 무엇일까? |

아라베스크란 '아라비아의' 또는 '아라비아 풍'이란 뜻이에요. 이슬람 미술에서 잎이나 꽃, 열매 등의 모양을 곡선으로 연결한 독특한 장식 무늬이지요. 이슬람 사원의 장식, 공예품 등에서 찾아볼 수 있는 무늬예요. 동물이나 인간의 모습으로 신의 형상을 만드는 것을 금지했던 이슬람교의 특징 때문에 정교하고도 환상적인 무늬로 새로운 양식을 만들게 된 것이에요.

궁전보다 화려하고, 보석보다 아름다운
타지마할 인도

타지마할은 무덤!

타지마할은 4개의 촛대를 닮은 뾰족한 탑, 풍선처럼 둥근 지붕, 그림처럼 건물이 비치는 긴 수로가 아름다운 모습이에요. 1983년, 유네스코 세계 문화유산으로 지정되기도 한 타지마할은 샤 자한의 왕비였던 뭄타즈 마할의 무덤이에요.

타지마할을 만든 사람들

타지마할은 페르시아 출신의 건축가가 설계했고, 세계 각 지역의 솜씨가 뛰어난 장인들을 비롯해 무려 2만 명이 넘는 기술자들이 22년에 걸쳐 지었어요. 건축 자재를 운반하는 데 코끼리 1,000마리가 동원되었고요. 뿐만 아니라 귀한 보석들로 무덤을 장식하기도 했지요.

세계의 용맹한 왕, 샤 자한

1640년경 타지마할을 지은 샤 자한은 인도 무굴 제국의 제5대 황제였어요. 무굴 왕조의 전성기를 이룬 황제이지요. 땅을 넓히는 데 노력했고, 아름다운 건축물들을 많이 세운 왕이기도 해요. 하지만 이후에 궁정의 낭비가 심해지자 나라가 어지러워졌고, 그의 아들 아우랑제브에게 황제의 자리를 빼앗기고 말았지요.

샤 자한의 사랑으로 만들어진 위대한 유산

샤 자한은 여러 명의 아내를 두었는데, 그중 그가 가장 사랑한 왕비는 뭄타즈 마할이라는 여인이었어요. 그러나 뭄타즈 마할은 14번째 아이를 낳다가 그만 죽고 말았어요. 사랑하는 여인을 잃은 샤 자한은 왕비의 영혼을 위해 세상에서 가장 아름다운 무덤을 만들기로 했고, 세계에서 가장 뛰어난 건축가와 석공들을 불러 왕비의 무덤을 짓도록 했어요. '마할의 왕관'이란 뜻의 타지마할은 아내의 무덤을 가장 아름답고 멋지게 짓고 싶었던 샤 자한의 소망이 담겨 있답니다.

꽃 모양으로 꾸며진 대리석.

타지마할을 바라보며

세계의 왕이었던 샤 자한은 아들 아우랑제브의 반란으로 감옥에 갇히게 되었어요. 샤 자한이 갇혔던 감옥은 바로 아그라 요새➜152쪽의 무삼만 버즈였는데, 신기하게도 그의 감옥에서는 타지마할이 아주 잘 보였어요. 샤 자한은 타지마할을 바라보며 남은 생을 보냈고 눈을 감은 후에는 그토록 사랑했던 여인, 뭄타즈 마할의 곁에 묻혔지요.

샤 자한과 뭄타즈 마할의 가묘.

세계에서 가장 높은 궁전
포탈라 궁
중국(티베트 자치구)

관음보살이 사는 산, 포탈라 궁

티베트는 중앙아시아에 있는 고원 지역으로 평균 고도가 약 4,900미터예요. 지구상 육지에서 가장 높은 곳이어서 '세계의 지붕'이라고도 불리지요. 7세기 무렵 티베트 지역에 통일 국가를 세운 손챈감포가 수도를 라싸로 정하고 홍산 기슭에 거대하고 아름다운 궁전을 지었어요. 그러나 손챈감포가 세운 티베트 왕조가 몰락한 뒤, 그가 지은 궁전도 사라지고 말았어요. 17세기 중반에 달라이 라마 5세가 손챈감포가 궁전을 지었던 곳에 다시 멋진 궁전을 지었는데 그 궁전이 바로 포탈라 궁이에요. 포탈라는 '보타락가', 즉 '관음보살이 사는 산'이라는 말에서 비롯됐어요.

티베트의 통치자 '달라이 라마'

달라이 라마는 몽골 어로 큰 바다를 뜻하는 '달라이'와 티베트 어로 영적인 스승을 뜻하는 '라마'가 합쳐진 말로, '넓은 바다와 같이 넓고 큰 덕의 소유자인 스승'을 뜻해요. 티베트 불교를 라마교라고도 하는데, 라마교의 가장 대표적인 종파의 우두머리인 법왕을 부르는 말이에요. 즉, 달라이 라마는 티베트의 정신적 지도자이자 실질적인 통치자이지요. 2012년, 14대 달라이 라마 14세는 중국으로부터의 독립을 위해 40여 년간 독립 운동에 나섰고, 국제 사회로부터 많은 지지를 받아 1989년 노벨 평화상을 수상하기도 했어요.

달라이 라마는 왜 인도로 떠나야 했을까

1959년 3월 티베트의 수도 라싸에서 중국의 통치에 반대하는 운동이 일어났어요. 하지만 이 운동은 많은 희생자들을 남기고, 실패로 끝났지요. 이때 달라이 라마 14세를 비롯한 많은 사람들이 티베트를 떠나 인도로 망명했어요. 네팔로 도망친 사람들도 있었고요. 티베트 사람들은 티베트가 아닌 다른 나라에서 독립 운동을 이어 나갔고, 이후에도 크고 작은 시위들이 연달아 일어났어요.

티베트 독립을 위해 기도하는 승려들.

티베트의 상징과 중심

포탈라 궁은 높이 117미터, 동서 길이 360미터예요. 13층의 외관에 실제 9층으로 되어 있고, 수천 개의 방들로 구성되었어요. 티베트의 정치 지도자이자, 종교 지도자인 달라이 라마의 거처로서 티베트의 행정, 종교, 정치 중심지로 복합적인 역할을 했어요. 뿐만 아니라 티베트 전통적인 건축의 아름다움으로 티베트의 상징이랍니다.

하얀 궁전 속 붉은 궁전

포탈라 궁은 거대한 13층의 네모꼴 벽돌 건물로 지붕에는 금박을 입히고 벽은 안쪽으로 기울어져 있어요. 하얀 궁전과 붉은 궁전, 두 구역으로 나뉘어 있는데, 하얀 궁전이 한가운데 솟아 있는 붉은 궁전을 감싸 안고 있는 모습이지요.

달라이 라마의 거처였던 하얀 궁전.

연관 검색	티베트의 또 다른 유네스코 세계 문화유산 노블링카 궁과 조캉 사원

- **노블링카 궁** : 고산 지대인 티베트에서 유일하게 나무가 많은 곳에 세워진 노블링카 궁은 달라이 라마가 여름에 머물던 궁전으로 포탈라 궁에서 서쪽으로 약 1킬로미터쯤 떨어져 있어요. 티베트 역사와 역대 달라이 라마의 업적을 나타낸 벽화를 비롯해 뛰어난 예술 작품들을 지니고 있어요.
- **조캉 사원** : 티베트를 최초로 통일했던 손챈감포가 7세기 중엽에 지은 사찰로, 손챈감포의 아내인 문성 공주가 당나라 장안(현재의 시안)에서 가져온 석가모니 상을 간직하기 위해 지었어요. 오랜 세월 동안 티베트 인들의 영적인 중심지이자, 성스러운 곳으로 여겨져 왔어요.

넬슨 만델라가 갇혔던 곳
로벤 섬
남아프리카 공화국

아프리카 속의 유럽 '케이프타운'

아프리카 대륙의 최남단에 있으며 동쪽으로 인도양, 서쪽으로 대서양을 접하고 있는 남아프리카 공화국은 수도가 3곳이에요. 행정부가 있는 수도인 프리토리아, 입법부가 있는 수도인 케이프타운, 사법부가 있는 수도인 블룸폰테인이지요. 입법부가 있는 수도인 케이프타운은 서남부에 있는 케이프 주의 중심 도시예요. 지중해 기후와 비슷하고 도시가 잘 정리되어 있어요. '아프리카 속의 유럽'이란 별명이 붙을 정도로 아름다운 곳이랍니다.

자유와 민주주의를 상징하는 섬, 로벤

케이프타운에서 배로 30~40분 정도 떨어져 있는 로벤 섬은 남아프리카 공화국의 어두운 역사와 인권과 자유, 민주주의를 상징하는 곳이에요.

남아프리카 공화국의 보어 인

1652년 네덜란드의 동인도 회사가 케이프타운에 상륙한 뒤 많은 네덜란드 인들이 남아프리카 공화국에 이주했어요. 그리고 원주민들을 노예로 삼고 땅을 빼앗아 버렸지요. 남아프리카 공화국에 살던 네덜란드 인들은 스스로를 보어 인이라고 불렀어요. 네덜란드 어로 '농민'이라는 뜻으로 부르 인이라고도 불렸고요.

백인과 흑인을 차별하는 인종 차별

1815년에는 영국이 케이프타운을 점령해 식민지로 삼았어요. 보어 인들은 영국의 노예 해방과 자유주의 정책에 반대해 따로 나라를 세우며 영국과 전쟁을 벌였고요. 제2차 세계 대전 뒤에는, 보어 인들이 중심이 된 정당이 권력을 얻어 인종 차별 정책을 펼쳤어요. 영국 정부가 이를 비판하자 영국 연방을 탈퇴하여 1961년에 남아프리카 공화국을 선포했어요.

로벤 섬의 수용소.

27년간 감옥살이를 한 넬슨 만델라

넬슨 만델라는 1944년부터 아프리카 민족 회의에 참여하여 남아프리카 공화국의 인권과 평등을 주장했던 흑인 해방 운동 지도자예요. 흑인 해방 운동을 하다가 약 27년간을 감옥에서 갇혀 지내기도 했지요. 1993년 노벨 평화상을 수상했으며, 1994년에 실시된 대통령 선거에서 남아프리카 공화국 최초로 흑인 대통령에 당선되어 민주주의와 인권과 평등을 위해 노력했어요. 그가 갇혔던 로벤 섬은 흑인 해방 운동의 상징으로서 남아프리카 공화국 정부가 역사 유적으로 지정했고, 만델라가 갇혀 있던 감옥 건물은 '자유의 기념관'으로 바뀌었어요. 1999년에는 유네스코 세계 문화유산에 등재되었고요.

넬슨 만델라가 갇혀 있던 감옥.

남아프리카 최초의 흑인 대통령

1960년대부터는 감옥을 세워 인종 차별에 반대하는 흑인 지도자들을 가두었어요. 넬슨 만델라 등 인종 차별에 반대하는 흑인 지도자들을 로벤 섬 등 감옥에 가두었는데, 그로부터 33년 뒤인 1994년에 넬슨 만델라가 이끄는 아프리카 민족 회의라는 단체가 선거에 승리하여 342년간 계속된 백인 통치를 끝냈어요.

나의 궁전이 가장 멋져야 해!
베르사유 궁전 프랑스

"짐이 곧 국가다!"

1643년 루이 13세의 뒤를 이어 프랑스의 왕이 된 루이 14세는 프랑스 절대 왕정을 대표하는 왕이에요. 절대 왕정이란 왕이 국가의 모든 권력을 손에 넣고 절대적인 힘을 갖는 것을 말해요. 루이 14세는 22세부터 직접 정치에 나섰으며 수차례 전쟁을 통해 영토를 넓혔어요. 사람들은 그를 '태양왕'이라고 불렀고, 루이 14세는 스스로 "짐은 곧 국가."라고 말했어요.

"감히, 나보다 더 멋진 저택에 살다니!"

프랑스의 재무 장관을 지내던 니콜라 푸케는 아름다운 정원이 딸린 멋진 저택을 지었어요. 그 저택의 이름은 '보르비콩트'였지요. 니콜라 푸케는 자신의 저택을 자랑하고 싶어서 보르비콩트에서 성대한 파티를 열었어요. 이 파티에는 루이 14세도 참석했지요. 그런데 루이 14세는 재무 장관이 국왕인 자신보다 화려한 저택에 사는 것이 몹시 불쾌했어요.

궁전보다 화려한 보르비콩트

보르비콩트가 얼마나 화려한 저택이었기에 왕이 질투를 할 정도였을까요? 보르비콩트는 정문에 들어서면 커다란 호수와 잘 가꾸어진 정원이 아름답게 펼쳐졌으며, 정원 곳곳에서는 흘러나오는 음악에 맞춰 분수가 춤을 추었어요. 저택 안으로 들어서면 샹들리에에서 화려한 불빛이 흐르고, 식탁에는 순금 접시와 잔이 놓여 있었지요.

프랑스의 대표 궁전, 베르사유 궁전

베르사유 궁전은 프랑스의 절대 왕권을 상징하는 곳이 되었고, 그 뒤로 궁정 의식을 치르거나 외국 특사를 맞을 때 사용되었어요. 화려한 내부 장식을 한 '거울의 방', '루이 14세의 방', '전쟁의 방', '평화의 방' 등이 있었어요. 또 궁전의 정원은 다양한 동물과 조각상들 그리고 수많은 분수와 폭포, 이국적 식물들로 화려하게 장식되었지요.

보르비콩트 저택의 모습.

베르사유 정원.

"유럽 최고의 궁전을 짓도록 해라!"

보르비콩트에서 돌아온 루이 14세는 왕실 책임자를 불러 니콜라 푸케의 저택보다 더 크고 화려한 궁전을 짓게 했어요. 외관은 물론이고 내부도 멋지고 화려하게 지어서 유럽 최고의 궁전이 되어야 한다고 했지요. 당시 루이 14세는 아버지 루이 13세가 베르사유에 사냥용 별장으로 지었던 건물에 살고 있었는데, 그 건물을 헐고 새로운 궁전을 짓게 했어요. 그 궁전이 바로 베르사유 궁전이랍니다.

루이 14세가 왕궁을 변두리에 지은 이유

루이 14세는 절대 왕정을 상징하는 왕궁을 왜 프랑스의 최고 도시인 파리에 짓지 않았을까요? 루이 14세는 다섯 살 때 왕위에 올랐어요. 그래서 그의 어머니인 안 도트라슈가 대신 나라를 다스렸고, 마자랭이 재상이 되어 그를 보필했지요. 그러던 어느 날 파리에서 프롱드라는 귀족이 시민들과 함께 대규모 반란을 일으켰어요. 루이 14세는 어머니와 난리를 피해 프랑스 각지를 유랑 다니며 고생을 해야 했어요. 루이 14세는 이 때문에 파리를 싫어하게 되었고, 권력을 찾은 뒤에도 파리의 변두리인 베르사유에 머문 것이에요.

루이 14세의 어릴 적 모습.

| 연관 검색 | 프랑스의 역사에 따라 베르사유 궁전도 변하다 |

1837년, 박물관 → 1870년, 독일군 본부 → 1875년, 프랑스 의회 의사당 건물로 제3공화국 헌법 반포 → 1919년, 제1차 세계 대전의 휴전 협정인 베르사유 조약을 맺음 → 현재는 관광지이자 외국 원수들의 숙소로 이용

프랑스의 역사와 문화가 흐르는
센 강 프랑스

파리의 중심에 흐르는 강, 센 강

파리는 프랑크 왕국이 프랑스 지역을 차지한 뒤 여러 왕조의 수도가 되어 프랑스의 중심 도시가 되었어요. 그 뒤로 700년에 걸쳐 새로 지어지고, 고쳐져서 지금의 넓은 도시가 되었지요. 그 중심에는 파리를 남북으로 흐르는 센 강이 있었고요.

파리의 풍경.

쇼핑과 패션의 거리가 된 왕비의 산책 길

이탈리아 피렌체의 명문 귀족인 메디치 가문의 마리 드 메디시스는 1600년, 프랑스의 앙리 4세와 정략 결혼을 했어요. 앙리 4세 사이에서 루이 13세를 낳기도 했지요. 마리 드 메디시스는 튈르리 정원에서부터 센 강을 따라 걸을 수 있는 자신만의 산책 길을 만들었는데, 이것이 바로 '샹젤리제 거리'의 시작이었어요. 샹젤리제 거리는 오늘날 파리 최고의 번화가로, 세계적인 패션과 쇼핑의 거리가 되었답니다.

샹젤리제 거리의 모습.

퐁 디에나.

센 강을 연결하는 다리들

파리의 센 강은 퐁 네프, 퐁 디에나, 퐁 데 쟁발리드, 퐁 마리, 퐁 쉴리를 비롯한 30여 개의 크고 작은 다리로 연결되어 있어요. 그중 1607년경 지어진 퐁 네프는 400년이 지난 다리로 가장 오랜 역사를 가지고 있지요. 퐁 디에나는 나폴레옹이 예나 전투의 승리를 기념하기 위해 지은 다리랍니다.

양쪽으로 펼쳐진 예술과 문화의 거리!

센 강의 좌우로는 프랑스의 역사를 보여 주는 건축물과 현대에 지어진 다양하고 독특한 건물들이 조화롭게 세워져 있어요. 루브르 박물관, 에펠 탑, 콩코르드 광장, 샹젤리제 거리, 노트르담 대성당, 생트샤펠 성당 등 프랑스를 대표하는 건물과 거리가 있지요.

궁전이 박물관으로 변신했어!

센 강변에 있는 루브르 궁전은 1200년, 프랑스 국왕 필리프 2세가 성으로 지은 건물이었어요. 그 뒤 여러 국왕들에 의해 화려한 궁전으로 고쳐 지어졌지요. 프랑스 혁명 등 역사적인 사건의 무대가 되기도 했으며, 프랑스 혁명 뒤인 1793년부터는 박물관이 되었어요. 루브르 박물관은 세계 3대 박물관 중 하나이지요.

루브르 박물관.

| 연관 검색 | 세계 3대 박물관 |

- 프랑스 루브르 박물관 : 한 해 동안 세계에서 가장 많은 사람들이 방문하는 박물관이에요. 프랑스의 명소 중 하나로, 세계 문화 유산으로도 지정되어 있어요.
- 영국 대영 박물관 : 역사적, 문화적 예술품을 주로 전시하는 박물관이에요. 최초의 국립 박물관이기도 해요.
- 바티칸 시국 바티칸 박물관 : 세계 최고 수준을 자랑하는 종교화와 미술품을 소장하고 있어요. 박물관 자체가 하나의 거대한 예술품으로 불리기도 한답니다.

세계에서 가장 아름다운 광장
그랑플라스 벨기에

'세계에서 가장 아름다운 광장'

벨기에의 수도 브뤼셀은 유럽에서 가장 아름다운 도시 중 하나로 손꼽히지요. 브뤼셀이 아름다운 이유 중 하나는 그랑플라스라는 광장 때문이에요. 《레미제라블》을 쓴 프랑스의 작가 빅토르 위고는 그랑플라스를 '세계에서 가장 아름다운 광장'이라고 했어요.

생활과 예술이 함께 숨 쉬는 곳

그랑플라스에서는 월요일을 제외한 모든 요일에 꽃 시장이 열리고 각종 행사와 이벤트가 끊이지 않아요. 그래서 그랑플라스는 항상 사람들로 붐비지요. 공공건물과 개인 주택, 상점이 함께 조화를 이루고 있으며 브뤼셀 사람들의 활기 넘치는 일상과 아름다운 문화 예술이 함께 숨 쉬는 공간이기도 해요.

광장을 둘러싼 아름다운 건물들

그랑플라스는 대광장이라는 뜻이지만 이름처럼 그리 큰 광장은 아니에요. 가로 70미터, 세로 110미터 크기에 청사, 박물관, 길드하우스, 상점 등 고딕과 바로크 양식의 오래된 건물들이 둘러싸고 있어요. 이 광장은 13세기에 대형 시장이 생기면서 발달하기 시작하여, 수 세기에 걸쳐 발전했어요. 1695년에 지금과 같은 모습을 갖추었지요.

브뤼셀의 박물관.

길드하우스

길드는 서유럽에 중세 도시가 생기고, 발전되는 과정에서 중요한 역할을 한 상공업자의 동업자 조합을 말해요. 길드하우스는 제빵, 목공, 양복업자 등 각종 장인들이 휴식, 친목을 도모하던 건물이에요.

그랑플라스의 길드하우스.

오줌 누는 소년 동상

그랑플라스에는 오줌 누는 소년의 동상이 있어요. 55센티미터의 자그마한 동상이지만 벨기에는 물론 세계인들의 사랑을 받고 있어요. 이 소년상의 이름은 '마네킹 피스(The Manneken Pis)' 즉 '평화의 인형상'이에요. 17세기 초 브뤼셀에서는 에스파냐군과 벨기에군 간에 치열한 전투가 벌어졌어요. 광장에는 불길이 타오르고 있었지요. 그런데 어디선가 한 소년이 벌거벗은 채로 광장에 달려 나와 불길을 향해 오줌을 누었어요. 양쪽 군대는 잠시 총 쏘기를 멈추고, 소년을 기다려 주었어요. 아무리 전쟁 중이지만 오줌을 누고 있는 소년에게까지 총질을 할 수는 없었던 거지요. 사람들은 전쟁이 끝난 후에도 이 모습을 잊지 못해 그랑플라스에 오줌 누는 소년의 동상을 세웠답니다.

브뤼셀의 상징이 된 오줌 누는 소년 동상.

> **연관 검색** 틴틴과 스머프의 고향

벨기에는 만화로 유명한 나라이기도 해요. 세계적으로 인기 있는 만화 〈틴틴의 모험〉과 〈개구쟁이 스머프〉가 바로 벨기에에서 그려진 만화랍니다. 브뤼셀의 지하철 스토켈 역에는 〈틴틴의 모험〉에 나오는 140개 캐릭터를 소재로 한 벽화가 그려져 있어요.

바람의 힘으로 홍수를 막았어!
킨더다이크 풍차 마을 네덜란드

아름다운 풍차 마을 킨더다이크

풍차는 증기 기관의 발달과 함께 점점 사라져 갔어요. 하지만 아직도 풍차로 유명한 마을이 있어요. 네덜란드에서 옛 풍차가 가장 많이 몰려 있는 킨더다이크예요. 이곳에는 1740년 무렵에 세운 풍차가 19개 이상 남아 있지요. 풍차는 200년 이상 해안 간척지의 물을 빼내는 일을 했고, 홍수로부터 마을을 지켜 주었어요.

팔랑개비처럼 생긴 풍차

풍차는 바람의 힘을 기계적인 힘으로 바꾸는 장치로 큰 바퀴 주위에 얇은 판 모양의 날개를 달고 있어요. 바람으로 날개를 회전시켜서 생기는 힘을 동력으로 사용하는 것이지요. 풍차는 낮은 지대의 물을 퍼 올리거나, 방앗간에서 곡식을 빻는 등의 용도로 사용했답니다.

풍차의 나라 네덜란드

네덜란드는 전 국토의 27퍼센트가 바다보다 낮아요. 나라 이름도 '낮은 땅'이라는 뜻이지요. 또 네덜란드의 낮은 땅에는 라인 강, 마스 강, 스헬데 강 등 크고 작은 강들이 얽혀 있어요. 그래서 네덜란드는 오래전부터 대홍수로 인해 호수가 바다로 변하기도 하고, 도시가 물에 잠기는 등 물로 인한 피해가 컸지요. 네덜란드 사람들은 물과의 전쟁으로부터 벗어나기 위해, 댐이나 제방을 쌓아야만 했어요. 그 위에 생겨난 도시가 암스테르담과 로테르담 등이고요. 언제나 홍수가 큰 골칫거리였던 네덜란드는 17세기에 이르러서는 곳곳에 풍차를 만들어서 낮은 곳의 물을 퍼 올렸어요. 자연의 불리함을 네덜란드 사람들의 끈기와 기술로 극복해 낸 것이지요.

네덜란드의 또 다른 풍차 마을

네덜란드에는 킨더다이크 말고도 유명한 풍차 마을이 또 있어요. 바로 잔세스칸스예요. 수도인 암스테르담에서 북쪽으로 13킬로미터 떨어진 잔 강변의 마을인 잔세스칸스는 풍차 마을로 널리 알려져 있지요. 네덜란드의 농촌 마을의 풍경을 간직하고 있고, 네덜란드의 명물인 풍차와 양의 방목으로 유명해요. 18세기에는 700개가 넘는 풍차가 있었으나 지금은 관광용으로 몇 개만 남아 있어요.

잔세스칸스 마을의 풍경.

연관 검색 튤립의 나라, 네덜란드에서 일어난 튤립 파동

네덜란드는 풍차와 함께 튤립의 나라로 알려져 있어요. 튤립은 중앙아시아가 원산지로 1593년 터키에서 처음으로 들여와 수많은 품종을 개발했지요. 네덜란드에서 개발한 희귀한 튤립 품종들은 사람들에게 귀한 대접을 받았어요. 튤립의 수요가 늘고 무역이 활발해지자 가격이 상승했고, 사람들은 나중에 되팔아 돈을 벌기 위해 너도나도 튤립을 사들였지요. 그러나 얼마 후 튤립 구매가 줄어들면서 갑자기 시장 가격이 폭락해 대혼란이 일어났어요. 미리 어음을 주고 비싼 튤립을 산 사람들은 엄청난 타격을 입을 수밖에 없었지요. 이 현상을 일컬어 '튤립 파동', '튤립 버블'이라 하며, 오늘날까지도 자본주의 경제의 단면을 보여 주는 사례로 기억되고 있어요.

▲1637년 네덜란드 도록에 실렸던 튤립 그림

미국 자유의 탄생
미국 독립 기념관 미국 🇺🇸

콜럼버스의 신대륙 발견

1492년 콜럼버스가 신대륙 아메리카를 발견했어요. 그 뒤로 유럽 강대국들이 식민지를 건설하기 위해 아메리카 대륙에 건너갔어요. 그리고 시간이 흘러 1733년, 북아메리카 대륙에서는 오하이오 강 주변의 인디언 영토를 둘러싸고 영국과 프랑스의 식민지 쟁탈 전쟁이 일어났어요. 이 전쟁은 영국이 승리로 끝났고, 영국은 이를 통해 큰 발전을 이루었어요.

미국의 독립 선언

1776년 7월 4일 영국의 지배를 받던 13개 주가 함께 모여 독립을 선언했어요. 영국의 강압적인 지배로 인해 불만을 갖던 식민지 사람들이 들고 일어난 것이지요. 필라델피아 인디펜던스 홀에서 독립을 선언한 이 사건은 〈독립 선언문〉에 기록되어 있어요. 1781년에는 13개 주의 연방 헌법이 만들어졌으며, 1787년에 정식으로 미합중국의 헌법이 완성되어 제정되었지요. 미국의 독립 선언과 헌법이 제정된 장소가 미국 독립 기념관이었어요.

페르디난 리샤르트, 〈미국 독립 기념관〉.

독립 선언문의 일부 내용

'모든 사람은 평등하게 태어났으며 신은 그들에게 누구도 빼앗을 수 없는 몇 가지 권리를 부여했다. 여기에는 생명과 자유와 행복 추구의 권리가 포함된다. 이 권리를 확보하기 위해 인민은 정부를 만들었으며, 정부의 정당한 권력은 인민의 동의에서 나온다.'

자유의 상징, 미국 독립 기념관

미국 독립 기념관은 1756년에 미국 펜실베이니아 주 필라델피아에 지어진 건물이에요. 필라델피아는 워싱턴이 미국의 수도가 되기 전, 10년간 미국의 수도였어요. 원래는 펜실베이니아 식민지 정부 청사 건물이었지요. 건물 남쪽 정면에는 시계탑과 종루가, 꼭대기에는 8각 돔, 그 위로는 뾰족탑이 세워져 있어요. 하얀 시계탑 옆의 '자유의 종'은 독립 선언을 할 당시 시민들을 불러 모으기도 했으며, 오늘날에는 미국 독립을 상징하는 소중한 유산이랍니다.

자유의 종.

독립 국립 역사 공원

오늘날에는 독립 기념관과 자유의 종이 보관된 지역을 모두 합해 '독립 국립 역사 공원'이라고 불러요. 미국을 탄생시킨 역사의 현장인 독립 기념관은 자유 민주주의를 상징하는 장소가 되었지요. 미국 독립 기념관 양쪽에는 복도로 연결되어 있는 두 건물이 있어요. 하나는 의회가 열렸던 국회 의사당이고 다른 하나는 미국 최고 재판소로 사용되었던 건물이에요.

영국 산업 혁명의 뿌리
아이언브리지 계곡 영국

세계 최초의 용광로가 부글부글

세번 강은 잉글랜드의 한가운데를 흐르는 긴 강이에요. 그리고 이 세번 강 연안을 따라 콜브룩데일이라는 지역이 위치해 있지요. 1709년, 제철업자인 에이브러햄 다비 1세는 이곳에서 세계 최초로 용광로를 만들었어요. 또, 코크스를 이용해 철을 만드는 기술을 발명했고, 이 발명으로 철을 적은 비용으로 더 많이 생산할 수 있게 되었어요. 대량 생산으로 생산가가 낮아지자 콜브룩데일 주변에는 철을 재료로 삼는 공장들이 많이 세워졌어요. 이에 따라 많은 사람들도 몰려들었지요. 자연스럽게 세번 강 연안은 산업이 발달하게 되었고, 18세기 산업 혁명의 뿌리가 되었어요. 그리고 일자리를 찾아온 사람들을 위한 집과 학교, 교회 등이 세워지며 마을이 생겨났답니다.

필립 제임스 드 루테르부르, <콜브룩데일의 밤 풍경>.

세계 최초의 철교가 번쩍번쩍

시간이 흘러 18세기 중반이 지나면서 세번 강은 산업 발전의 방해가 되었어요. 변덕스러운 날씨 때문에 강을 통해 화물을 나르지 못할 때가 많았거든요. 그래서 에이브러햄 다비 3세는 1779년, 이 지역에 세계 최초의 철교인 아이언브리지를 세웠어요. 전체 길이는 60미터, 중량이 약 400톤이나 되었지요. 철교를 세우는 데에는 6,000파운드라는 어마어마한 돈이 들었지요. 우여곡절 끝에 세워진 아이언브리지는 산업화의 주요 기술을 대표하는 곳이 되었어요. 이 철교를 주변으로 채굴 지대, 주물 공장, 작업장과 창고들이 밀집되어 있지요.

세번 강의 풍경.

산업 박물관이 옹기종기

세월이 흘러 1926년경 이 지역의 산업 생산이 중단되고 안전 문제가 불거지자 다리를 철거하자는 의견이 나오기도 했어요. 실제로 1934년 차량 통행이 금지되었지요. 하지만 1986년 유네스코 세계 문화유산으로 지정되면서, 역사적 유산의 가치를 인정받아 지금까지 보존되고 있어요. 강철 박물관, 도자기 박물관, 타일 박물관 등이 세워져 유럽 산업 역사의 증거를 보관해 오고 있고요.

아이언브리지의 철 박물관.

연관 검색 | 산업 혁명으로 부자가 된 영국

산업 혁명은 기계 발명과 기술 혁신으로 사회와 경제의 모습이 크게 변화된 것을 말해요. 18세기 말에 영국에서 가장 먼저 일어났지요. 영국은 산업 혁명으로 인해 농업 국가에서 공업 국가로 탈바꿈했고, 방직 기계와 증기 기관이 발명되면서 대량 생산을 할 수 있게 되었어요. 이렇게 만들어진 제품은 유럽을 비롯한 세계 여러 나라에 판매되었고요. 그리고 이런 배경은 영국을 큰 부자로 만들어, 더 많은 식민지를 개척하게 하는 계기가 되었답니다.

죄인들만 갇혔던 건 아니야
오스트레일리아 교도소 유적

오스트레일리아

교도소가 세계 문화유산이라니

1718년, 영국은 범죄자들을 북아메리카 식민지로 보내는 법을 실행했어요. 미국과 오스트레일리아가 그 주요 대상이었지요. 그러나 1775년, 영국과 미국의 충돌과 1776년, 미국의 독립으로 미국으로 죄수를 보내는 일이 중단되면서 오스트레일리아에 더 많은 죄인들을 보내게 되었어요.

오스트레일리아에 죄인들을 보내다

1787년부터 1868년까지 80년이 넘는 기간 동안 16만 6,000명이 영국 사법부로부터 형벌을 받아 오스트레일리아로 유배되었어요. 그들 중에는 여자와 어린이도 있었지요. 큰 범죄부터 작은 범죄를 저지른 사람들뿐 아니라, 정치적인 문제로 보내지는 사람들도 있었어요. 심지어 이 죄수들은 교도소에 갇혀 있기만 하지 않았어요. 고되고 위험한 노동을 하기도 했고, 채찍을 맞는 등의 체벌도 받았지요. 각 교도소는 죄수들을 가두어 두는 목적과 함께 죄수들의 노동력을 식민지 건설에 이용하려는 목적을 갖고 있었어요.

수천 개의 교도소가 생기다

영국은 18~19세기에 걸쳐 오스트레일리아 전 지역에 수천 개의 교도소를 지었어요. 교도소 지역에 살던 원주민들은 다른 곳으로 쫓겨나야 했지요. 프랑스나 러시아 등 다른 유럽 강대국들도 대부분 죄수들을 식민지에 보내 버렸어요.

교도소 유적이 보여 주는 역사의 한 면

오스트레일리아 교도소 유적은 18~19세기경 영국이 건설한 수천 개의 교도소 가운데 11개 지역을 말해요. 프리맨틀, 노퍽 섬, 킹스턴, 아서스 베일, 태즈메이니아 등 오스트레일리아 전역에 퍼져 있어요. 오스트레일리아 교도소 유적은 역사를 한 장면으로 보여 주는 중요한 유적이에요. 고향에서부터 먼 섬으로 보내져서 강제 노역에 시달린 죄수들의 생활을 돌아보게 하지요. 오스트레일리아의 교도소 유적은 2010년 유네스코 세계 문화유산에 등록되었어요.

태즈메이니아의 교도소.

11개 교도소 중 하나인 프리맨틀 교도소.

똑딱똑딱 시계 도시
라 쇼드퐁·르 로클

스위스 🇨🇭

종교 개혁으로 탄생한 개신교

16세기경 종교 개혁이 일어났어요. 유럽 곳곳에서는 로마 가톨릭 교회에 반대하는 움직임이 번져 나갔지요. 이런 배경으로 프로테스탄트, 즉 개신교가 등장했어요. 그들 중 프랑스의 칼뱅 사상과 행동을 따르는 사람들이 있었어요. 그들을 바로 위그노 교도라고 불렀지요. 하지만 가톨릭을 믿는 사람들은 이들을 박해했어요.

소 한스 홀바인, 〈장 칼뱅〉.

세계적인 시계 도시

위그노 교도들이 정착하여 줄곧 시계를 만들어 스위스 시계 산업에 앞장선 두 도시는 '라 쇼드퐁'과 '르 로클'이었어요. 두 도시는 시계 제조업자들의 필요에 맞게 도시의 배치와 건물들이 구성되었어요. '라 쇼드퐁'과 '르 로클'은 오랜 시간 시계를 만드는 일에만 전념해 온 덕분에 세계적인 시계 도시가 되었고, 유네스코 세계 문화유산에도 지정되었어요.

1857년도에 그려진 라 쇼드퐁 그림.

라 쇼드퐁과 르 로클에는

라 쇼드퐁과 르 로클 두 도시에는 시계를 생산하는 공장과 함께 주택과 상점들이 일렬로 늘어섰어요. 마르크스는 라 쇼드퐁을 '거대한 공장 도시'라고 표현하기도 했지요. 오늘날 이 두 도시에는 현재 스위스 시계 상공 회의소 본부, 시계 제작 학교, 시계 박물관 등이 있어서 많은 사람들이 관광을 하러 찾아가고 있어요.

르 로클의 시계 박물관.

줄곧 시계를 만들다

위그노 교도들 중 일부는 종교 박해를 피해 스위스로 이주했어요. 그들은 자신들이 지닌 시계 만드는 기술을 제네바에서 시작하여 샤프하우젠, 쥐라라는 지역을 중심으로 보급시켰어요. 그중에 프랑스 국경 근처인 쥐라 산맥의 외딴 곳, 농업이 적합지 않은 지형에 두 도시를 이루며 줄곧 시계를 만들었지요.

| 연관 검색 | 시계의 나라 스위스 |

스위스에 시계 만드는 사람들이 모이자, 17세기경 스위스 제네바에 시계 상거래 조합이 생겼어요. 공장들이 기계화되어 세계 시계 시장에 수출되면서 시계 산업이 스위스를 대표하게 되었지요. 2009년에는 1년에 약 2억 7천만 개의 시계를 생산하여 95퍼센트를 수출했고요. 세계 시계 산업에 큰 발전을 가져온 시계와 그 부속품들 대부분은 스위스에서 개발된 것이에요. 스위스는 1910년 처음으로 정확한 손목시계를 발명하여 주머니 시계와의 교체를 이루었고, 1926년에는 최초의 방수 시계를, 1931년에는 자동 회전 시계를, 1945년에는 자동으로 날짜와 요일이 바뀌는 시계를 개발했답니다.

위대한 에덴
신트라 포르투갈

시대를 담는 다양한 풍경

신트라는 초기 이베리아 사람들의 종교 생활의 중심지였고, 북아프리카 무어 인들의 살던 곳이었어요. 중세에는 수도사들의 은둔처이기도 했지요. 여기에 낭만주의 건축이 더해져 19세기에는 유럽 낭만주의 건축의 중심지 중 한 곳이 되었어요. 낭만주의란, 18세기 말 유럽 모든 나라에서 일어난 예술 경향으로 주관적이고 감정적으로 표현하는 것을 말한답니다.

위대한 에덴, 신트라

포르투갈의 수도인 리스본에서 북서쪽으로 24킬로미터 떨어진 곳에 신트라라는 작은 도시가 있어요. 이 도시의 바위 투성이 산에는 아름다운 마을 하나가 자리 잡고 있지요. 바로 영국의 시인 바이런이 '위대한 에덴'이라고 표현하기도 한 신트라예요.

꼭꼭 숨어 있는 보물을 찾아봐

신트라는 옛 왕궁과 다양한 모습의 대저택, 아름다운 정원, 좁은 골목과 파스텔 색깔로 치장을 한 건물들이 울창한 숲 속 곳곳에 보물처럼 숨어 있어요. 아름다운 자연환경과 인간이 만든 건축물이 멋진 조화를 이루어 마을 전체가 유네스코 세계 문화유산으로 등록되었지요.

| 연관 검색 | 무어 인 이야기 |

무어 인은 유럽에서 북아프리카 사람들을 가리키는 말이기도 하고, 711년부터 이베리아 반도를 정복한 아랍계 이슬람교도를 가리키는 말이기도 해요. 무어 인이란 '피부색이 어두운 자'라는 뜻이에요. 이 무어 인들이 이베리아 반도를 지배하게 되면서, 건축, 공예, 문학 등의 여러 분야에서 이슬람 문화와 크리스트교, 라틴 문화가 어우러지게 되었어요.

아름다운 신트라 성

거대한 원뿔 모양의 흰색 굴뚝 두 개가 눈길을 끄는 신트라 성은 8세기경 무어 인들이 지은 성이에요. 여러 양식이 더해져 현재의 모습으로 완성되었지요. 신트라 성은 이슬람, 고딕, 르네상스, 이 세 가지가 합쳐진 양식으로 지어졌어요. 신트라 성은 리스본의 더위로부터 탈출하거나 사냥을 위해 왕실 가족들이 머물던 곳이기도 하답니다.

신트라 성의 풍경.

신비로운 페나 궁전

이슬람 사원 같기도 하고 중세 유럽의 성처럼 보이기도 하는 페나 궁전은 폐허가 된 수도원과 그 주변을 1839년 페르난도 왕자가 사들여 왕실의 궁전으로 바꾼 것이에요. 고딕 양식, 이집트 양식, 무어 양식, 르네상스 양식 등의 요소를 사용했고, 주변에는 400여 종의 나무들을 심어 아름다운 숲 속의 성으로 새롭게 만들었지요.

페나 궁전의 풍경.

베트남 마지막 왕조의 도시
후에 베트남

베트남 마지막 왕조가 세운 수도

동남아시아의 인도차이나 반도 동부에 있는 베트남은 중국, 라오스, 캄보디아와 국경을 접하고 있어요. 옛날부터 남부와 북부로 나누어져 대립을 벌이며 여러 왕조가 세워졌다가 1802년 남부의 응우옌이라는 왕조가 베트남을 통일하며 '후에'라는 곳을 수도로 삼았어요. 후에는 고대 중국에서 비롯된 동양의 전통 사상인 오행설과 풍수지리를 바탕으로 설계되었어요. 흐엉 강과 응우 빈 산을 중심으로 5가지 방향(중앙, 서, 동, 북, 남)에 5가지 자연 요소(흙, 쇠, 나무, 물, 불), 5가지 색(노란색, 파란색, 흰색, 검은색, 붉은색)을 설계의 기본으로 삼았어요.

흐엉 강과 티엔무 사원의 7층 석탑.

기능에 따라 도시가 나누어지다

도시는 행정 건물이 있는 구역, 왕릉과 사원이 있는 구역, 왕실 주거 지역, 일반 주거 지역, 방어 시설 등으로 구분하고, 구역에 어울리는 건축물과 시설을 세웠어요. 응우옌 왕조가 1945년까지 13대에 걸쳐 이어지는 동안, 후에는 140여 년 동안 베트남 마지막 왕조의 중심지였어요.

나라의 이름을 베트남으로 새로 정하노라!

베트남의 유럽 양식 건물들

1802년 응우옌 왕조의 1대 황제였던 응우옌푹 아인은 프랑스의 도움을 받아 스스로 황제가 되었어요. 하지만 이후 프랑스와 청나라의 간섭에 시달렸고, 결국 1883년경에는 프랑스의 식민지가 되었지요. 프랑스 인들은 후에 곳곳에 병원, 역, 학교 등 도시 유럽 양식의 건물들을 세웠고요. 후에에 있는 근대 유럽 양식의 건물들은 식민지 시대의 흔적이지요. 하지만 베트남 전쟁 때 미군의 폭격으로 1만 명 이상이 사망하고 많은 유적이 파괴되었어요. 1980년대 말부터 적극적인 복구 작업이 이뤄지고 있지만 여전히 폐허인 곳이 많아요.

왕의 모습을 닮은 왕릉들

응우옌 왕들은 궁궐 못지않은 화려한 왕릉을 만들었어요. 왕이 살아 있는 동안에 직접 설계에 참여하기도 했지요. 건축 양식은 중국과 프랑스의 영향을 받았으나, 각 능마다 독특한 개성을 가진 것이 특징이에요. 서로 다른 모습의 능을 통해 왕들의 성격과 취향, 생전의 권력을 짐작할 수 있어요.

카이딘 황릉.

베트남의 자금성이라 불리는 왕궁

후에 왕궁은 가로와 세로 2킬로미터, 높이 5미터의 성벽으로 둘러싸여 있고, 다시 해자와 성벽으로 둘러싼 요새와 같은 모습이에요. 중국의 자금성 →132쪽 을 그대로 본떠 만들어 베트남의 자금성이라는 별명이 붙었지요.

연관 검색 　베트남의 수도

베트남은 1833년부터 캄보디아, 라오스와 함께 프랑스의 지배를 받았어요. 프랑스 인들은 북부의 하노이를 행정 수도로 삼았고, 남쪽의 사이공을 경제 도시로 발전시켰지요. 1945년 9월 식민지 지배를 벗어난 베트남은 독립을 선언하고 하노이를 수도로 정했어요. 하지만 1954년 제네바 협정에 의하여 베트남이 남북으로 갈라지며 하노이는 공산 베트남(월맹)의 근거지, 사이공은 남베트남(월남)의 수도가 되었지요. 1976년 북베트남이 남베트남을 통일한 뒤 사이공은 호치민 특별시가 되었고, 하노이는 통일 베트남의 수도가 되었어요.

세계 3대 아름다운 항구
리우데자네이루 브라질

세계에서 가장 아름다운 항구

사람들은 세계에서 가장 아름다운 항구로 이탈리아의 나폴리, 오스트레일리아의 시드니, 브라질의 리우데자네이루를 꼽아요. 리우데자네이루에서 개최되는 리우 카니발은 세계적으로 손꼽히는 축제이기도 하고요. 삼바, 보사노바 등 아름다운 음악과 자연 경관이 유명하여 많은 관광객이 찾는 곳이지요. 이 아름다운 곳은 1502년 1월 1일, 포르투갈의 항해자가 발견했어요. 그는 대서양 바다가 육지 쪽으로 들어와 좁은 입구로 연결된 리우데자네이루를 강으로 잘못 알고 포르투갈 어로 '1월의 강'이라는 뜻의 '리우데자네이루(Rio de Janeiro)'라고 이름 지었지요.

리우 카니발.

리우데자네이루를 상징하는 거대한 예수상

리우데자네이루 경관은 코파카바나 해변, 이파네마 해변, 티주카 국립 공원, 리우데자네이루 식물원, 코르코바도 산, 구아나바라 만 주변의 언덕 등이에요. 그중에 코르코바도 산에 세워진 거대한 예수상은 브라질이 포르투갈로부터 독립한 지 100주년 되는 해를 기념하여 세운 것이지요. 규모는 높이 38미터, 양팔의 길이 28미터, 무게 1,145톤이나 되지요. 이 예수상은 2007년 신(新) 세계 7대 불가사의 중 하나로 선정되었어요.

코파카바나 해변.

브라질의 옛 수도, 리우데자네이루

리우데자네이루는 1763년부터 브라질의 수도가 되었어요. 1807년 나폴레옹이 포르투갈의 수도인 리스본을 점령하자 포르투갈 왕실이 이곳으로 옮겨 왔어요. 브라질이 독립한 후 수도를 브라질리아로 이전한 1960년 전까지 리우데자네이루가 브라질의 수도였지요. 리우데자네이루는 2012년 유네스코 세계 문화유산으로 등재되었어요. 공식 지정 명칭은 '리우데자네이루 : 산과 바다 사이의 카리오카 경관'이에요. 카리오카는 리우데자네이루에 사는 주민을 말한답니다.

리우데자네이루의 야경.

연관 검색   **신(新) 세계 7대 불가사의**

1. 중국의 만리장성
2. 페루의 마추픽추
3. 브라질의 거대 예수상
4. 멕시코의 치첸이트사
5. 이탈리아의 콜로세움
6. 인도의 타지마할
7. 요르단의 페트라

꼬불꼬불 험한 산길을 연결하는
젬머링 철도

오스트리아

철도의 역사

1814년, 영국의 스티븐슨이 증기 기관차를 발명하며 철도의 역사가 시작되었어요. 1825년 영국이 철도 건설을 시작하자 모든 나라에서 그 뒤를 따라 철도를 건설했지요. 1829년에는 독일 연방의 오스트리아도 남부를 통과하는 철도를 건설하려고 공사를 시작했어요. 15년이 지나 남부 중심 도시를 연결하는 철도가 건설되었고요. 그런데 중간 즈음에 험한 산이 떡 버티어 있어서 그 구간에는 철도를 건설할 수 없었어요. 이곳은 바로 젬머링이라고 부르는 지역이었어요. 젬머링은 지형이 너무 험해서 도저히 철도를 놓을 수 없을 것 같았지요.

젬머링에도 철도를 건설할 수 있어!

칼 폰 게가라는 인물은 험한 지형에도 철도를 건설할 수 있다고 주장했어요. 칼 폰 게가는 수학 박사 학위를 받고 공무원으로 일하던 사람이었어요. 1850년, 그는 기관차 제작을 공모전에 부쳐 젬머링 기관차를 설계하고 1853년에 젬머링 철도를 완공했어요. 모험과 도전 정신으로 세계 최초의 산악 철도가 탄생한 것이에요. 젬머링 철도는 노선의 터널과 고가교, 기타 시설물의 수준이 매우 우수하여 오늘날까지도 꾸준히 이용되고 있어요. 그 우수성을 인정받아 유네스코 세계 문화 유산으로 등재되었어요.

1967년, 오스트리아의 20실링 지폐에 그려진 칼 폰 게가.

세계 문화유산이 된 다르질링 산악 철도

인도의 실리구리에서 다르질링까지 히말라야 산맥을 구불구불 넘어가는 다르질링 히말라야 산악 철도는 레일 폭이 61센티미터에 불과해 마치 장난감 기차 같이 보여요. 그래서 이 기차는 '토이 트레인'이라는 별명으로도 불리지요. 다르질링 산악 철도는 다르질링에서 생산되는 차를 실어 나르기 위해 1881년 영국인들에 의해 만들어진 증기 기관차로 히말라야 산간 오지의 중요한 교통수단이에요. 창의적인 토목 공학적 방법으로 바위 투성이 산악 지대에 철도를 놓은 뛰어난 본보기랍니다. 다르질링 산악 철도는 이런 특징 덕분에 유네스코 세계 문화유산으로 지정되었어요.

다르질링 토이 트레인.

알프스를 넘나드는 철도

스위스 알프스 동부의 알불라 산악 지대와 이탈리아 알프스 북부의 베르니나 산악 지대에 놓인 레티셰 철도도 2008년 유네스코 세계 문화유산이 되었지요. 철도로는 세 번째로 지정된 것이랍니다.

자유의 나라 미국의 상징
자유의 여신상 미국 🇺🇸

미국의 독립 100주년을 축하합니다!

1776년, 아메리카 대륙의 13개 주 대표들이 영국으로부터 독립 선언을 하였고, 이윽고 미국이 탄생했어요. 그로부터 100년이 지난 후 프랑스는 미국 독립 100주년을 축하하는 선물을 제작했어요. 이 선물은 바로 미국을 상징하게 된 '자유의 여신상'이었어요. 1875년부터 만들어서 1884년에 완성된 자유의 여신상은 오른손에는 세계를 비추는 자유의 빛을 상징하는 횃불을 높이 들고 있고, 왼손에는 '1776년 7월 4일' 날짜가 적힌 미국의 독립 선언서를 들고 있었어요. 머리에는 7개 대륙을 상징하는 뾰족한 뿔이 달린 왕관을 쓰고 있었고요. 횃불까지의 높이가 46미터, 무게가 225톤이나 되는 여신 모습의 거대한 조각상이었어요. 프랑스는 조각상을 350개의 조각으로 나누어 214개의 나무 상자에 넣어 포장한 뒤 배에 실어 미국으로 보냈어요. 미국에서는 4개월에 걸쳐 조각상을 조립했지만 거대한 조각상을 지탱할 받침대가 없어 창고에 방치해 두었지요.

세계를 밝히는 자유의 여신상

〈뉴욕 월드〉라는 신문에 기사 한 편이 실렸어요. '자유의 여신상을 계속 방치해 두는 것은 프랑스에 대한 예의가 아닐뿐더러, 미국 국민으로서 부끄러운 행동이다!'라는 내용이었지요. 이 기사를 읽은 뉴욕 시민들은 모금 운동을 펼쳤어요. 그 모금으로 받침대를 제작했고, 드디어 1886년 10월 28일, 뉴욕 항의 리버티 섬에 조각상을 세우게 되었지요. 프랑스에서는 조각상의 이름을 '세계를 밝히는 자유'라고 지었으나 미국 사람들은 '자유의 여신상'이라고 불렀어요.

1885년에 그려진 받침대를 만드는 모습.

명화 〈민중을 이끄는 자유의 여신〉

자유의 여신상을 보면, 떠오르는 명화가 하나 있어요. 바로 프랑스 화가 외젠 들라크루아가 그린 〈민중을 이끄는 자유의 여신〉이에요. 1830년 자유를 억누르는 정책에 반대해 일어났던 시민들의 7월 혁명이 담긴 그림이에요. 실제로 '자유의 여신상'을 조각한 프레데리크 오귀스트 바르톨디는 이 그림에서 영감을 받아 자유의 여신상을 만들었답니다.

외젠 들라크루아, 〈민중을 이끄는 자유의 여신〉.

자유의 여신상을 만든 사람들

• 프레데리크 오귀스트 바르톨디 : 프랑스의 조각가로 미국 독립 100주년 기념 선물로 조각상을 만들어 보내 주자는 의견을 낸 사람이에요. 또한 조각상의 크기와 모습에 대한 구상을 했지요.

• 비올라 르 딕 : 프랑스의 건축가로 노트르담 대성당 복원 공사를 맡은 인물이에요. 그가 자유의 여신상의 구조를 설계했어요. 그러나 내부 구조를 완성하지 못하고 눈을 감고 말았어요.

• 귀스타브 에펠 : 프랑스 파리의 에펠 탑 →196쪽 을 설계하고 철교 건설로 이름 높던 토목 공학자예요. 그가 자유의 여신상 내부 구조 공사를 마무리했어요.

• 리처드 모리스 헌트 : 미국의 건축가로 조각상을 받치고 있는 받침대를 설계했어요.

신이시여, 이 땅에 불을 보내 주세요!
통가리로 국립 공원
뉴질랜드

화산 고원이 있는 국립 공원

뉴질랜드는 남태평양의 오스트레일리아 대륙에서 남동쪽으로 약 2,000킬로미터 떨어져 있는 섬나라예요. 두 개의 큰 섬과 여러 개의 작은 섬들로 이루어져 있지요. 그중 북섬 중앙의 화산 고원에는 통가리로 국립 공원이 자리하고 있고요. 통가리로 국립 공원에서는 활화산과 사화산, 그리고 다양한 생태계와 웅장하고도 아름다운 자연 풍경을 만날 수 있어요. 세 개의 화산이 남에서 북으로 일렬로 늘어서 있는데 화산 이름은 '통가리로', '나우루호에', '루아페후'예요. 이곳은 영화《반지의 제왕》의 배경이 되기도 했어요.

마오리 족이 살던 곳

통가리로 국립 공원 지역은 대대로 마오리 족이 살던 땅이었어요. 마오리 족은 폴리네시아계 종족으로 약 1000년 전에 고향인 하와이키에서 뉴질랜드로 이주해 왔어요. 그래서 통가리로 국립 공원 곳곳에는 마오리 족의 문화와 신앙의 흔적이 남아 있지요.

마오리 족의 초상화.

마오리 족 이야기

'마오리'는 '평범한, 보통'이라는 뜻으로 뉴질랜드 원주민들이 스스로를 일컫는 말이에요. 또 '파케하'는 '얼굴 흰 이방인'이란 뜻으로 마오리 족들이 뉴질랜드에 온 유럽인을 처음 보고 외친 말이라고 하지요. 뉴질랜드는 마오리 족과 유럽 각지에서 이주한 사람들이 함께 살고 있는 나라예요.

뉴질랜드 최초의 국립 공원이 되다

유럽에서 뉴질랜드로 사람들이 몰려와 통가리로 지역을 탐내자 1887년에 마오리 족 추장인 테 헤우헤우 투키노 4세는 이 지역을 부족장들의 동의를 얻어 영국 국왕에게 선물했어요. 이후 영국에서는 통가리로 지역을 국립 공원으로 만들었고요.

통가리로 화산에 얽힌 전설

마오리 족은 통가리로 국립 공원의 세 화산을 신성한 곳으로 여기고 있어요. 그들의 전설에 따르면 마오리 족의 제사장이 눈보라를 만나 얼어 죽을 뻔했을 때, 고향 하와이키를 향해 불을 보내 달라고 기도를 하자, 기도에 대한 대답으로 세 화산이 폭발했다고 해요.

멋진 작품일까? 흉한 고철 덩어리일까?
에펠 탑 프랑스

철강 산업의 우수성을 알린 기념물

1889년은 프랑스 혁명 100주년을 맞는 해였어요. 프랑스는 그 기념행사 중 하나로 프랑스의 수도인 파리에서 세계 만국 박람회를 열기로 했어요. 박람회의 진행을 맡은 사람들은 전 세계의 사람들에게 깊은 인상을 심어 줄 방법을 생각했어요. 그리고 여러 궁리 끝에 철로 만든 기념물을 박람회장에 세우기로 했지요. 프랑스 철강 산업의 우수성을 세계에 알리고, 자랑하기 위해서였어요. 프랑스는 철제 기념물에 대한 설계안 공모를 했고, 수많은 설계안 중에 귀스타브 에펠이라는 사람이 설계한 작품이 당선됐어요. 바로 에펠 탑이에요.

파리 시내 한복판에 우뚝 솟은 철탑

에펠이 설계한 작품은 높이가 300여 미터나 되는 거대한 철탑이었어요. 설계한 대로 박람회장에 철탑이 세워졌지요. 파리 시내 한복판에 철탑이 우뚝 솟은 거예요. 원래 이 철탑은 박람회가 끝나면 철거할 예정이었어요. 높이 솟은 철탑을 '과학과 산업의 승리'라며 칭찬하는 사람들도 있었지만, 한편으로는 추악한 철덩어리로 파리의 멋진 풍경을 망친다고 비난하는 사람들도 있었어요.

1888년 에펠 탑을 세우는 공사 모습.

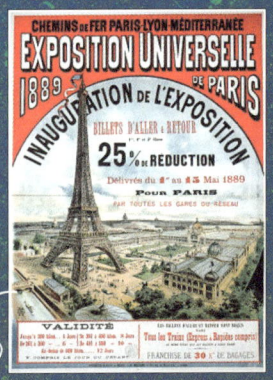

세계 만국 박람회 포스터.

귀스타브 에펠.

에펠 탑 아래서 식사를 한 모파상

《여자의 일생》이라는 소설을 쓴 프랑스의 작가 모파상은 에펠 탑이 세워진 뒤에 매일 도시락을 가져와 에펠 탑 아래에서 식사를 했어요. 에펠 탑을 좋아해서였을까요? 천만에요. 모파상은 에펠 탑을 너무나도 혐오스럽게 생각했어요. 에펠 탑 아래에서 식사를 했던 이유는 파리 시내에서 유일하게 에펠 탑이 보이지 않는 장소가 바로 에펠 탑 아래였기에 때문이에요. 모파상뿐만 아니라 《목로주점》이라는 소설을 쓴 에밀 졸라, 《삼총사》라는 소설을 쓴 뒤마 등 수많은 예술인이 에펠 탑이 세워지는 것을 반대했어요.

파리의 상징과 관광지가 되다

하지만 세계 곳곳에서 찾아온 방문객들은 모두 에펠 탑을 보고 감탄과 찬사를 보냈어요. 그러자 정부에서는 박람회가 끝나면 철거하겠다는 계획을 바꾸었지요. 에펠 탑에 대한 논쟁은 박람회가 끝난 뒤에도 계속되었지만 결국 철거되지 않아 지금은 프랑스 파리의 상징이자, 세계적인 관광지가 되었답니다.

3학년 1학기, 〈과학〉

관련교과

물질이 각각 어디에 사용되는지 알아봅시다.

망치나 못을 만들 때 사용하는 철은 나무나 플라스틱보다 단단합니다. 그래서 건물이나 다리, 탑 등을 만들 때 흔히 사용합니다.
-철탑 (프랑스의 에펠 탑)

천재 건축가가 만든 동화 속 나라
구엘 공원 에스파냐

"저 건물을 지은 사람이 누구지?"

에스파냐의 섬유 업계 부자인 구엘은 바르셀로나의 거리를 지나다가 마음에 드는 건물을 발견했어요. 창의 모양이 독특한 건물에 반해 버린 그는 건물을 설계한 사람이 안토니오 가우디라는 젊은 건축가라는 것을 알아냈어요. 구엘은 당장 건물을 샀고 그 뒤로 가우디의 열렬한 후원자가 되었어요. 1886년, 구엘은 가우디에게 자신이 살 집을 지어 달라고 부탁했어요. 또 단독 주택 단지를 짓는 일도 가우디에게 맡겼지요. 하지만 구엘 주택 단지는 부족한 예산 때문에 공사가 중단되었어요. 나중이 되어서야 구엘의 아들이 바르셀로나 시에 기증하면서 공원으로 완성되었답니다. 구엘 공원은 직선이 아닌 곡선으로 만들어진 건물들, 독특한 모자이크 장식과 타일, 야자나무처럼 생긴 기둥, 꾸불꾸불한 길과 인공 석굴 등이 자연과 멋지게 어울려요. 또 동화 속에 나오는 배경 같기도 하지요.

파도를 닮은 건물 '카사 밀라'

가우디의 대표 건축물 중 하나는 '카사 밀라'라는 공동 주택이에요. 1910년에 완성되었는데 옆에서 보면 일렁이는 파도 같고, 정면에서 보면 암벽을 깎아 놓은 듯 보여요. 카사 밀라는 한때 이 독특한 모습 때문에 조롱거리가 되기도 했어요. 당시 사람들이 가우디의 창의성을 이해하지 못했기 때문이지요. 그러나 시간이 지나자, 카사 밀라는 새로운 창의력을 보여 준 건물로 현대 건축의 출발점으로 인정받게 되었어요.

카사 밀라.

연관 검색 바르셀로나 하면 생각나는 것들

에스파냐 동북쪽 카탈루냐 지방은 수 세기 동안 독자적인 언어와 문화를 지키며 살아온 곳이에요. 그 중심은 항구 도시 바르셀로나이고요. 카탈루냐 출신의 예술가로는 가우디를 비롯해 화가인 '달리', 음악가 '카살스' 등이 있어요. 또한 바르셀로나를 연고지로 하는 'FC바르셀로나' 프로 축구 팀은 세계 프로 축구를 이끌고 있지요.

미완성인 걸작 '파밀리아 성당'

바르셀로나에 있는 사그라다 파밀리아 성당은 가우디가 정성을 잔뜩 쏟아부은 작품이에요. 가우디는 16년 동안이나 공사 현장에 머물며 공사를 지시했고, 직접 성당을 건축하고 조각품을 만들기도 했지요. 1883년 11월 3일에 공사를 시작하여 가우디가 세상을 떠난 지금까지도 공사가 계속되고 있어요. 공사를 시작한 지 100년이 훨씬 넘었지만 앞으로도 100년은 더 걸려야 완성할 수 있다고 해요.

사그라다 파밀리아 성당.

파밀리아 성당에 묻힌 가우디

가우디는 1926년 6월 7일 전차에 치여 3일 후인 1926년 6월 10일에 사망했어요. 가우디는 평생 독신으로 살았던 데다가 파밀리아 성당을 짓는 일에만 너무 몰두하여 초라한 행색으로 다녔어요. 그래서 사고를 당했음에도 아무도 세계적인 건축가인 그를 알아보지 못해 너무 늦게 병원으로 옮겨졌지요. 가우디는 로마 교황청의 특별한 배려로 성자들만 묻힐 수 있다는 사그라다 파밀리아 성당의 지하에 묻혔어요.

가우디.

커피 하면 콜롬비아!
콜롬비아 커피 농장

콜롬비아

커피 생산국 3위, 커피 품질은 1위

콜롬비아는 세계 3위 커피 생산국이에요. 1위는 브라질, 2위는 베트남이지요. 그러나 커피 품질은 콜롬비아가 세계 1위로 인정받고 있어요. 커피를 재배하는 데 가장 이상적인 조건을 갖추고 있어서예요. 콜롬비아 커피를 생산하는 안데스 산맥 지역은 해발 고도 1,400미터 이상으로 비옥한 화산재 토양과 온화한 기후, 적절한 강수량으로 커피를 재배하기에 안성맞춤이지요.

100년 역사의 커피 생산지

콜롬비아에서는 유럽 선교사들을 통해 커피가 소개되어 1800년대 초부터 커피 경작이 시작되었어요. 1900년 무렵에는 세계 최대 커피 생산 국가로 발전했고요. 콜롬비아 커피 재배지는 안데스 산맥 서부와 중앙 구릉지에 있는 18개의 도시 지역을 포함하고 있는 6곳의 농경지예요.

콜롬비아의 커피 농장 풍경

콜롬비아의 커피 농장들은 주로 경사도가 25도가 넘는 가파르고 험난한 산악 지역에 위치하고 있어요. 커피 농장에는 밭이 옹기종기 모여 있고, 커피나무와 가로수가 늘어선 거리, 농부들이 사는 집 등이 있어요. 커피를 중심으로 독특한 전통과 문화가 이어져 오고 있지요. 콜롬비아의 커피 농장은 이런 특징 때문에 2011년에 유네스코 세계 문화유산으로 등록되었어요.

세계 문화유산이 된 쿠바의 커피 농장

유네스코 세계 문화유산에 오른 또 다른 커피 농장이 있어요. 쿠바 남동부 지역에 있는 커피 농장이에요. 쿠바의 시에라 마에스트라 산악 지대의 가파른 언덕에는 171개의 농장이 있는데 1800년대 초반부터 커피를 재배했다고 해요.

연관 검색 양치기 소년이 발견한 빨간 열매 '커피'

기원전 3세기쯤, 에티오피아에 칼디라는 양치기 소년이 있었어요. 칼디는 어느 날 자신이 기르는 염소들이 붉은색 열매를 뜯어 먹더니 흥분하여 이리저리 뛰어다니는 모습을 보았어요. 열매의 맛과 성분이 궁금해진 칼디도 열매를 먹어 보았고, 열매를 먹고 나자 피로감이 사라지면서 기분이 좋아지는 느낌이 들었어요. 그는 근처의 이슬람 사원에 있는 사제들에게 이러한 사실을 알렸고, 빨간 열매에 잠을 쫓는 효과가 있음을 발견한 사제들에 의해 커피가 여러 사원으로 퍼지게 되었다고 해요.

▲ 빨간색의 커피 열매.

신발 공장이 세계 문화유산?
파구스 공장 독일

특별한 신발 공장, 파구스

독일 니더 작센 주에는 매우 특별한 신발 공장이 있어요. 1913년경 지어진 파구스 신발 공장이에요. 이 공장은 유네스코 세계 문화유산으로 지정되어 있지요. 어떻게 신발 공장이 세계 문화유산이 되었을까요? 파구스 신발 공장은 발터 그로피우스라는 독일 출신의 건축가가 설계한 건축물로 바우하우스를 상징하는 건물이에요. 바우하우스는 벽돌과 유리로만 벽면을 이룬 건물이에요. 파구스 공장은 바우하우스의 유리판으로만 이루어진 커튼 월 외벽을 처음 표현한 것으로 알려져 있지요. 기능을 중요하게 여기면서도 건축적 아름다움을 추구한 건물로 현대 건축에 큰 영향을 끼쳤어요.

특별한 학교, 바우하우스

바우하우스는 1919년 건축가 발터 그로피우스가 독일의 바이마르에 세운 교육 기관이에요. 미술 학교와 공예 학교를 결합한 학교이지요. 독일어로 바우는 '짓다'를 뜻하고 하우스는 '집'을 뜻해요. 바우하우스는 건축을 중심으로 예술과 기술을 통합하려는 목표로 세운 학교로 현대 건축, 디자인에 큰 영향을 끼쳤어요.

고층 건물을 세우는 데 큰 역할을 한 커튼 월

커튼 월은 자신의 무게 이외의 외부의 무게를 거의 받지 않는 피막 같은 벽을 가리켜요. 벽이 공간을 나누는 커튼 구실을 하기 때문에 커튼 월이라고 불리지요. 예를 들면 철골 또는 철근 콘크리트 골조 구조의 건물 외피를 이루는 유리, 알루미늄, 철 따위의 얇은 벽을 말해요. 이 커튼 월은 고층 건물을 짓는 데에 큰 역할을 한답니다.

바우하우스를 만든 발터 그로피우스

독일 베를린 출신 건축가인 발터 그로피우스는 제1차 세계 대전과 제2차 세계 대전 사이 유럽 예술의 흐름을 이끈 바우하우스 운동의 창시자예요. 1919년 바우하우스를 설립했어요. 1925년에 독일의 도시 데사우에 직접 설계한 바우하우스 건물은 근대 건축의 모범이 되었지요. 나치스 정권을 피해 1934년 영국으로 망명하였다가 1937년 미국으로 옮겨 하버드 대학의 디자인 대학원장을 지냈어요.

건축가 발터 그로피우스, 데사우의 바우하우스.

발터 그로피우스의 또 다른 유네스코 세계 문화유산

현대 건축에 지대한 영향을 미친 바우하우스는 1996년 유네스코 세계 문화유산으로 등록되었어요. 그로피우스가 건축한 데사우의 바우하우스 건물은 그동안 유럽과 독일에서 일반적으로 지어졌던 뾰족한 지붕의 전통적인 건물들과 달리 비대칭적인 평면 구성과 평평한 지붕, 흰색으로 칠한 벽, 길 쪽으로 나 있는 수평적인 창문 등이 당시의 건축 문화에 큰 충격을 주었지요. 이 건물들은 독일의 전통적인 건축 양식을 거스르는 반대 움직임으로 여겨지기도 했어요.

끔찍한 대학살이 일어났던
아우슈비츠 강제 수용소

폴란드

노동은 자유를 만든다?

동유럽의 폴란드 남부에는 오슈비엥침이라는 도시가 있어요. 제2차 세계 대전 당시 독일군은 이곳을 점령한 뒤에 이름을 독일식 이름인 '아우슈비츠'라고 바꾸고 강제 수용소를 세웠어요. 그리고 아우슈비츠 강제 수용소 정문에 '노동은 자유를 만든다'라는 문구를 새겼어요. 그러나 그 문구는 새빨간 거짓말이었지요. 이곳에서는 강제 노역과 대량 학살이 행해졌어요.

아우슈비츠 수용소 정문.

대량 학살만 있었다!

아우슈비츠 강제 수용소에서는 백만 명 이상의 유대인 성인 남녀와 어린이들, 그리고 수만 명에 달하는 폴란드 인들이 학살당했어요. 또 수천 명의 집시와 떠돌이를 비롯한 다른 유럽 국가 출신 죄수들도 인종 차별적 살인을 당했지요. 그 과정 또한 아주 잔인하고 비인간적이었어요. 아우슈비츠로 이송된 유대 인 성인 남녀와 어린이들의 과반수가 수용소에 도착하자마자 아우슈비츠 수용소의 가스실에서 독가스에 의해 죽음을 당했어요. 나치 독일군은 사람들에게 이곳을 샤워장이라고 속이고 끌고 갔지요.

홀로코스트를 알고 있니?

홀로코스트는 일반적으로 인간이나 동물을 대량으로 태워 죽이거나 대학살하는 행위를 총칭하지만, 고유 명사로 쓸 때에는 제2차 세계 대전 중 나치 독일에 의해 행해진 유대 인 대학살을 뜻해요. 특히 1945년 1월 27일 폴란드 아우슈비츠의 유대 인 포로 수용소가 해방될 때까지 400만 명에 이르는 유대 인이 인종 청소라는 명목 아래 나치에 의해 학살되었는데, 인간의 폭력성, 잔인성, 배타성, 광기가 어디까지 갈 수 있는지를 극단적으로 보여 주었지요. 이 사건은 20세기 인류의 가장 치욕적인 사건으로 꼽혀요.

제2차 세계 대전의 아픔이 기록된 일기

유대 인의 박해가 심해지자 유대 인으로 독일에 살던 안네 프랑크 가족은 네덜란드의 암스테르담으로 이주를 했어요. 1941년 독일군이 네덜란드까지 점령하자, 독일군의 눈을 피해 다른 유대 인 가족 4명과 은신처에서 숨어 지냈지요. 그때부터 안네는 일기를 썼어요. 그러나 안네의 일기는 1944년 8월 1일로 끝나고 말아요. 8월 4일에 독일 경찰에게 발각되어 아버지만 가까스로 도망치고 남은 가족은 아우슈비츠 수용소로 보내졌거든요. 안네의 어머니는 1945년 1월 6일, 아우슈비츠 강제 수용소에서 죽음을 당했고, 안네와 안네의 언니는 다른 수용소로 이송되었다가 1945년 3월에 장티푸스에 걸려 함께 죽음을 맞고 말지요. 그때 안네의 나이 열여섯 살이었어요. 안네가 쓰던 일기는 나중에 발견되어 책으로 출판되었고 세계인에게 읽혀졌어요. 나치의 잔악한 행위에 희생된 사람들을 잊지 말자는 의미로 아우슈비츠 강제 수용소는 유네스코 세계 문화유산에, 안네의 일기는 세계 기록 유산에 등재되었어요.

아우슈비츠의 소각장 내부.

안네 프랑크의 사진이 담긴 우표.

부끄러운 역사를 잊지 않기 위해
히로시마 평화 기념 공원

일본

제2차 세계 대전을 일으킨 일본

일본은 독일의 히틀러, 이탈리아의 무솔리니와 동맹을 맺고 제2차 세계 대전을 일으켰어요. 태평양 지역을 지배하고자 중국 대륙과 인도차이나 반도를 침략했으며, 미국의 태평양 함대 기지가 있는 진주만까지 공격했지요. 이에 맞선 미국은 일본의 히로시마와 나가사키에 원자 폭탄을 투하했어요.

1945년 8월 6일 오전 8시 15분

제2차 세계 대전 중인 1945년 8월 6일 오전 8시 15분에 히로시마 상공에서 원자 폭탄이 폭발하면서 한 순간에 도시 전체가 폐허가 되었어요. 히로시마에 원자 폭탄이 폭발하며 14만 명이 목숨을 잃거나 실종되었으며, 심한 부상을 당했어요. 또 그 밖에도 원자 폭탄이 폭발하면서 방출된 방사선 때문에 많은 사람이 고통을 받아야 했지요. 히로시마 상업 전시관은 건물의 뼈대만 간신히 남았어요. 원자 폭탄의 폭격을 받은 일본은 연합군에게 항복을 했어요. 독일과 이탈리아는 이미 그 전에 연합군에게 항복을 했고요. 그렇게 전쟁은 끝이 났지만 제2차 세계 대전은 세계 곳곳에 큰 피해와 상처를 남겼어요. 일본인들은 히로시마의 흉측한 건물을 허무는 대신에 핵무기 폐기와 세계 평화를 바라며 평화 기념 공원을 만들었어요.

희생자들을 위한 위령비.

사다코의 종이학

히로시마의 원자 폭탄 때문에 방사선에 노출된 사다코라는 소녀가 있었어요. 사다코는 누군가에게 종이학 1,000마리를 접으면 오래 살 수 있다는 이야기를 듣고는 열심히 종이학을 접었어요. 그러나 1955년, 644마리의 종이학을 접고서 숨을 거두고 말았어요. 사다코의 친구들은 사다코가 못다 접은 356마리의 종이학을 접어 사다코 무덤에 묻어 주었고, 사람들은 사다코의 조각상을 히로시마 평화 기념 공원에 세웠어요.

'더 이상 죄를 저지르지 마라'

공원 입구에는 '더 이상 죄를 저지르지 마라'는 문구가 새겨져 있어요. 이는 희생된 수많은 사람을 기억하며 더 이상 전쟁과 같은 비극적인 일이 일어나지 않기를 바란다는 뜻이에요. 하지만 일본은 원자 폭탄의 피해자이면서도 한국인을 비롯해 수많은 아시아인들을 학대하고 학살한 가해자이기도 했어요.

한국인 희생자들을 위한 위령비.

잘라 놓은 오렌지 모양의 항구
시드니 오페라 하우스

오스트레일리아

'사람들이 살 만한 땅'

오스트레일리아에는 3만 8000년 전 무렵부터 동남아시아에서 이주해 온 사람들이 살고 있었어요. '애버리진'이라는 원주민들이었지요. 오스트레일리아는 1688년 영국의 항해자에 의해 유럽에 알려졌어요. 영국의 쿡 선장은 이곳을 조사하고는 '사람들이 살 만한 땅'이라고 말했답니다.

죄수들의 유배지였던 시드니

하지만 1788년 영국에서 약 1,000명의 죄수들이 시드니 항구에 상륙했어요. 군인과 관리들도 있었지만 죄를 지은 죄수들이 70퍼센트 이상이었지요.

세계에서 가장 아름다운 항구가 되다

시간이 흘러 1793년이 되자 시드니에 최초의 자유 이민지가 도착하고 이민자들이 사는 땅으로 변화했어요. 오스트레일리아 개발의 중심 도시가 된 거예요. 1855년에 오스트레일리아가 영국으로부터 자치권을 얻자 시드니는 발전을 거듭하여 오스트레일리아 문화와 교육의 중심지, 세계에서 가장 아름다운 항구 중 한 곳이 되었어요. 그리고 1973년에는 아름다운 항구 시드니를 더욱 돋보이게 해 주는 건물이 세워졌어요. 바로 오페라 하우스라는 공연장이었어요. 오페라 하우스는 독특하게 생겨서 지어지기 전부터 큰 화제가 되었지요.

1966년 공사 중인 오페라 하우스.

조개껍질 모양의 오페라 하우스

오페라 하우스는 하늘과 땅 어느 각도에서 보아도 전체적인 모습이 다 보이도록 설계되었어요. 또 공연 예술의 중심지로서 극장과 녹음실, 음악당, 전시장을 갖추고 있어요.

오페라 하우스의 콘서트홀.

잘라 놓은 오렌지, 오페라 하우스

1956년, 시드니가 속해 있는 오스트레일리아의 뉴사우스웨일스 주정부는 시드니 해안에 공연장이 있는 문화 공간을 세우기로 하고 국제 설계 공모전을 열었어요. 그 결과 1957년에 덴마크의 건축가, 요른 웃손이 낸 설계안이 당선되었지요. 모양이 워낙 독특해 그 모양대로 지을 수 있는 것인지, 무엇을 본뜬 디자인인지 여러 의견이 떠들썩했어요. 1959년에 시작된 공사는 14년이 걸려 원래 디자인의 모습과 크게 다르지 않게 완성되었고, 잘라 놓은 오렌지 조각에서 힌트를 얻은 디자인이라는 것이 밝혀지게 되었답니다.

4학년 2학기, 〈영어〉

시드니 오페라 하우스

호주의 가장 유명하고 인상적인 20세기의 건축물 가운데 하나로 2007년 유네스코 세계 유산에 선정되었어요. 특이한 지붕 모양은 건축가가 오렌지 껍질을 벗기던 도중에 떠올린 것으로 알려져 있어요.

부록 1 세계 유적 지도

② 에펠 탑　　⑨ 콜로세움　　⑱ 아크로폴리스　　⑲ 크렘린 궁전　　⑳ 카르타고 고고 유적　　㉔ 기자 피라미드

❶ 아이언브리지 계곡, 런던 탑, 스톤헨지, 웨스트민스터 궁전 영국　❷ 선사 시대 호상 가옥, 몽생미셸, 베르사유 궁전, 노트르담 대성당, 센 강, 에펠 탑 프랑스　❸ 신트라, 벨렘 탑 포르투갈　❹ 산티아고 데 콤포스텔라, 알타미라 동굴 벽화, 구엘 공원, 그라나다 에스파냐　❺ 킨더다이크 풍차 마을 네덜란드　❻ 그랑플라스 벨기에　❼ 룩셈부르크 중세 요새 도시 룩셈부르크　❽ 선사 시대 호상 가옥, 라 쇼드퐁·르 로클 스위스　❾ 선사 시대 호상 가옥, 산타마리아 델레 그라치에 성당, 피사 두오모 광장, 폼페이, 콜로세움, 로마 티투스 개선문 이탈리아　❿ 바티칸 시국 바티칸 시국　⓫ 선사 시대 호상 가옥, 파구스 공장 독일　⓬ 프라하 역사 지구 체코　⓭ 선사 시대 호상 가옥, 젬머링 철도 오스트리아　⓮ 선사 시대 호상 가옥 슬로베니아　⓯ 두브로브니크 크로아티아　⓰ 아우슈비츠 강제 수용소 폴란드　⓱ 이바노보 암굴 성당군 불가리아　⓲ 크노소스 궁전, 올림피아 고고 유적, 아크로폴리스, 아토스 산, 델로스 섬 그리스　⓳ 크렘린 궁전과 붉은 광장 러시아　⓴ 카르타고 고고 유적 튀니지　㉑ 고레 섬 세네갈　㉒ 반디아가라 절벽 말리　㉓ 로벤 섬 남아프리카 공화국　㉔ 아부심벨 신전, 기자 피라미드 이집트　㉕ 라무 케냐　㉖ 메디나 모로코　㉗ 트로이 고고 유적, 이스탄불 역사 지구

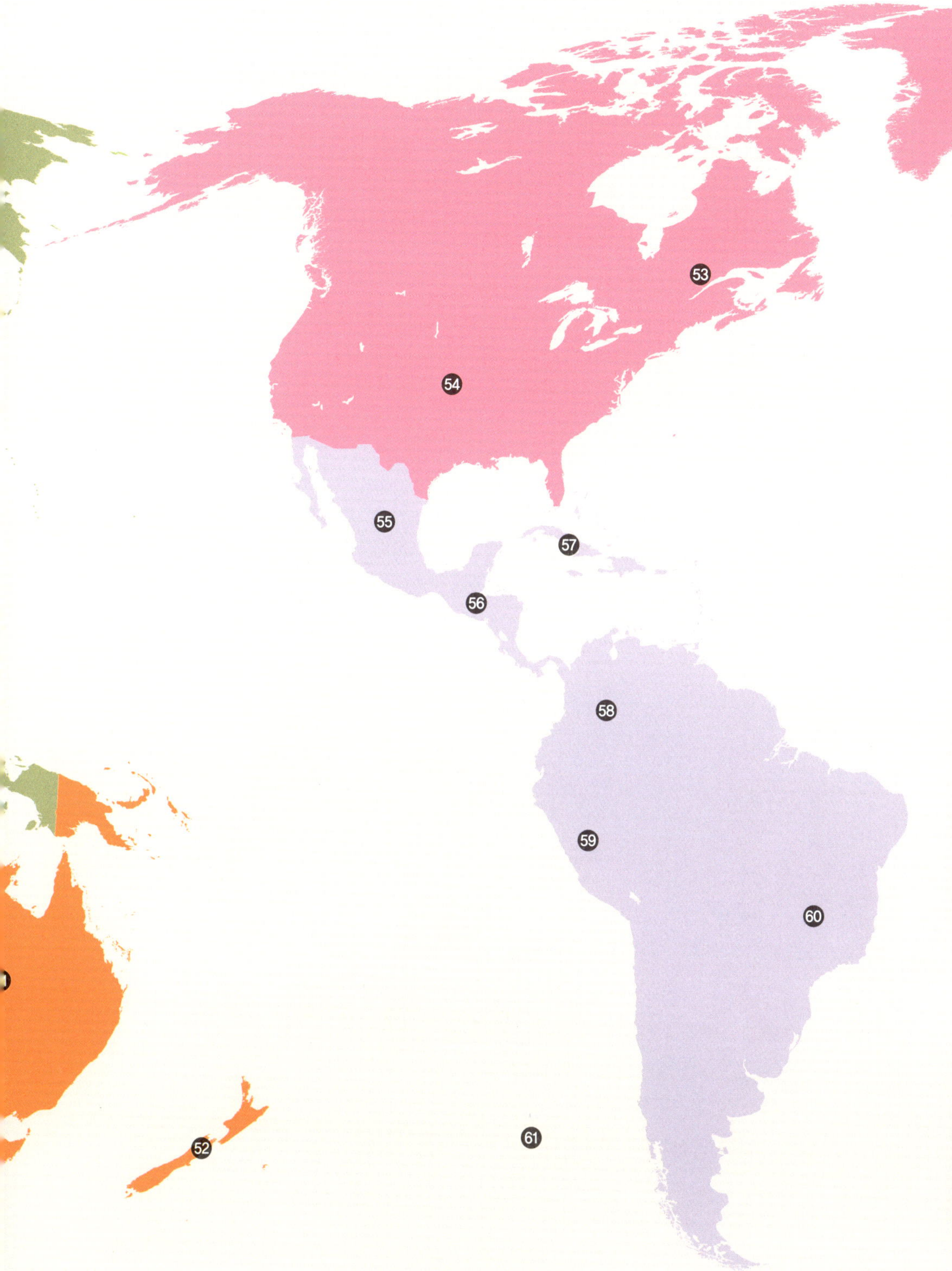

㊳ 타지마할

㊷ 포탈라 궁

㊸ 만리장성

㊿ 히메지 성

(51) 시드니 오페라 하우스

(54) 자유의 여신상

(61) 라파누이 국립 공원

터키 ㉘ 비블로스 레바논 ㉙ 베들레헴 예수 탄생 교회 팔레스타인 ㉚ 팔미라 유적, 다마스쿠스 시리아 ㉛ 예루살렘과 통곡의 벽 이스라엘 ㉜ 페트라 요르단 ㉝ 사나 예멘 ㉞ 하트라, 아수르 이라크 ㉟ 이맘 광장, 페르세폴리스 이란 ㊱ 이찬 칼라, 사마르칸트 우즈베키스탄 ㊲ 모헨조다로 파키스탄 ㊳ 타지마할, 아그라 요새, 아잔타 석굴 인도 ㊴ 담불라 황금 사원 스리랑카 ㊵ 룸비니, 카트만두 계곡 네팔 ㊶ 바게르하트 방글라데시 ㊷ 포탈라 궁 티베트 자치구 ㊸ 만리장성, 자금성, 둔황 석굴 중국 ㊹ 루앙프라방 라오스 ㊺ 아유타야 역사 도시 타이 ㊻ 앙코르 와트 캄보디아 ㊼ 후에 베트남 ㊽ 보로부두르, 프람바난 인도네시아 ㊾ 코르딜레라스 계단식 논 필리핀 ㊿ 히메지 성, 교토 역사 기념물, 히로시마 평화 기념 공원, 호류 사 일본 (51) 시드니 오페라 하우스, 오스트레일리아 교도소 유적 오스트레일리아 (52) 통가리로 국립 공원 뉴질랜드 (53) 퀘벡 역사 지구 캐나다 (54) 자유의 여신상, 미국 독립 기념관 미국 (55) 치첸이트사, 테오티우아칸 멕시코 (56) 코판 마야 유적 온두라스 (57) 아바나 쿠바 (58) 콜롬비아 커피 농장 콜롬비아 (59) 마추픽추, 나스카와 후마나 평원, 쿠스코 페루 (60) 리우데자네이루 브라질 (61) 라파누이 국립 공원 칠레 이스트 섬

부록 2 세계사 유적지 연표

아수르
도시 건설

스톤헨지
돌기둥이 세워짐

비블로스
도시 건설

1만 8000년경 — 4500년경 — 4000년경 — 3000년경 — 2500년경 — 1600년경 — 1279년경 — 1000년경 — 776년경

알타미라 동굴 벽화
벽화가 그려짐

트로이 고고 유적
사람이 살기 시작

크노소스 궁전
궁전 건설

예루살렘과 통곡의 벽
다윗 왕, 예루살렘을 이스라엘 왕국의 수도로 삼음

올림피아 고고 유적
고대 올림픽 1회 개최

기자 피라미드
이집트 고왕국 시대 시작

아부심벨 신전
람세스 2세 파라오 즉위

델로스 섬
델로스 동맹 결성

만리장성
진시황제 명령으로 개축

룸비니
고타마 싯다르타 탄생

페르세폴리스
알렉산더 대왕 페르시아 정복

623년경   478년   438년   330년경   264년   220년경   200년경   4년경   기원전 | 기원후   79년

카르타고 고고 유적
포에니 전쟁 시작

아잔타 석굴
석굴 건설 시작

아테네 아크로폴리스
파르테논 신전 건설

테오티우아칸
도시 건설 시작

베들레헴 예수 탄생 교회
예수 그리스도 탄생

폼페이
베수비오 화산 폭발

프람바난
사원 건설

900년경　963년

룩셈부르크 중세 요새 도시
지그프리트 백작, 룩셈부르크에 성 건설

교토 역사 기념물
교토, 일본의 수도가 됨

794년

호류 사
쇼토쿠 태자, 호류 사 건설 시작

715년

다마스쿠스
우마이야 모스크 건설

600년경

537년

콜로세움
콜로세움 완공

이스탄불 역사 지구
성 소피아 대성당,
유스티니아누스 1세의 명령으로 재건

80년　81년　366년경

로마 티투스 개선문
티투스 황제 사망

둔황 석굴
승려 낙준, 석굴 건설 시작

몽생미셸
수도원 건설 시작

아토스 산
콘스탄틴 마노마코스 황제,
여성 출입 금지 선언

웨스트민스터 궁전
윌리엄 1세 대관식

966년경　1000년경　1046년　1066년

라파누이 국립 공원
모아이 석상이 세워짐

런던 탑
목조 형태의 런던 탑 건설

앙코르 와트
앙코르 와트 건설

1113년경
1163년
1189년

노트르담 대성당
성당 건설 시작

1218년

산티아고 데 콤포스텔라
교황 알렉산더 3세,
로마와 함께 성지로 선포

이바노보 암굴 성당군
수도원 건설 시작

프라하 역사 지구
카를 4세, 황제 즉위

자금성
자금성 완공

1346년

1420년

바게르하트
울루 칸 자한 사망

그라나다
카스티야 왕 부부에게 공격을 받음

1459년

1492년

산타마리아 델레 그라치에 성당
〈최후의 만찬〉 작품 완성

크렘린 궁전과 붉은 광장
상크트바실리 대성당 완공

1497년

1498년

벨렘 탑
바스코 다 가마, 희망봉 발견

쿠스코
피사로 군대에게 공격을 받음

아그라 요새
요새 건설

1501년   1533년   1560년   1565년

이맘 광장
사파비 왕조 시작

루앙프라방
와트 시엥 통 건설

아유타야 역사 지구
미얀마에 의해 함락

미국 독립 기념관
독립 선언문 발표

1767년　1776년

아이언브리지 계곡
세계 최초의 철교, 아이언브리지가 놓여짐

베르사유 궁전
궁전 건설

1779년

오스트레일리아 교도소 유적
영국의 죄인들이 보내지기 시작

1787년

그랑플라스
바로크 양식의 건축물들이 세워짐

1700년경

1680년경

센 강
루브르 궁전, 박물관으로 개관

1793년

히메지 성
이케다 테루마사, 개축 시작

1666년

타지마할
샤 자한 사망

1601년경

1802년

1581년경

피사 두오모 광장
갈릴레이, 진자의 등시성 발견

1570년

코판 마야 유적
디에고 가르시아 데 팔라시오가 발견

후에
응우옌푹아인, 황제 즉위

고레 섬
노예 무역 폐지

젬머링 철도
철도 개통

통가리로 국립 공원
마오리 족, 통가리로 땅을 영국에 선물

아바나
쿠바, 에스파냐로부터 독립

이찬 칼라
높이 45미터의 미나레트를 세움

1815년 — 1839년 — 1854년 — 1886년 — 1887년 — 1889년 — 1898년 — 1910년 — 1911년 — 1913년 — 1926년

신트라
페르난도 왕자, 페나 궁전 개축

자유의 여신상
자유의 여신상 세워짐

에펠 탑
에펠 탑 완성

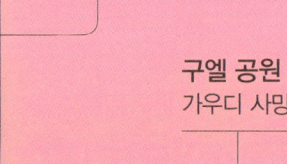
구엘 공원
가우디 사망

마추픽추
하이럼 빙엄이 발견

파구스 공장
공장 완공

바티칸 시국
바티칸 시국 건국

퀘벡 역사 지구
캐나다, 영국으로부터 독립

시드니 오페라 하우스
오페라 하우스 건설

아우슈비츠 강제 수용소
제2차 세계 대전 시작

1929년 — 1931년 — 1939년 — 1945년 — 1973년

라 쇼드퐁·르 로클
시계 박물관 건설

1974년

포탈라 궁
달라이 라마 14세, 노벨 평화상 수상

1989년

리우데자네이루
예수상이 세워짐

히로시마 평화 기념 공원
히로시마 원자 폭탄 투하

1991년

두브로브니크
유고슬라비아 전쟁 시작

1994년

로벤 섬
넬슨 만델라, 대통령 당선

찾아보기

ㄱ
고레 섬 • 140
교토 역사 기념물 • 84
구엘 공원 • 198
그라나다 • 114
그랑플라스 • 172
기자 피라미드 • 28

ㄴ
나스카와 후마나 평원 • 54
노트르담 대성당 • 110

ㄷ
다마스쿠스 • 22
담불라 황금 사원 • 48
델로스 섬 • 20
두브로브니크 • 118
둔황 석굴 • 76

ㄹ
라 쇼드퐁·르 로클 • 182
라무 • 130
라파누이 국립 공원 • 74
런던 탑 • 104
로마 티투스 개선문 • 68
로벤 섬 • 166
루앙프라방 • 122
룩셈부르크 중세 요새 도시 • 146
룸비니 • 38
리우데자네이루 • 188

ㅁ
마추픽추 • 138
만리장성 • 50
모헨조다로 • 24
몽생미셸 • 96
미국 독립 기념관 • 176

ㅂ
바게르하트 • 134
바티칸 시국 • 142
반디아가라 절벽 • 124
베들레헴 예수 탄생 교회 • 78
베르사유 궁전 • 168
벨렘 탑 • 148
보로부두르 • 86
비블로스 • 14

ㅅ
사나 • 52
사마르칸트 • 128
산타마리아 델레 그라치에 성당 • 144
산티아고 데 콤포스텔라 • 88
선사 시대 호상 가옥 • 12
센 강 • 170
스톤헨지 • 26
시드니 오페라 하우스 • 208
신트라 • 184

ㅇ
아그라 요새 • 152
아바나 • 150
아부심벨 신전 • 32

아수르 • 18
아우슈비츠 강제 수용소 • 204
아유타야 역사 도시 • 120
아이언브리지 계곡 • 178
아잔타 석굴 • 60
아테네 아크로폴리스 • 46
아토스 산 • 100
알타미라 동굴 벽화 • 10
앙코르 와트 • 106
에펠 탑 • 196
예루살렘과 통곡의 벽 • 36
오스트레일리아 교도소 유적 • 180
올림피아 고고 유적 • 34
웨스트민스터 궁전 • 102
이맘 광장 • 160
이바노보 암굴 성당군 • 112
이스탄불 역사 지구 • 80
이찬 칼라 • 156

ㅈ

자금성 • 132
자유의 여신상 • 192
젬머링 철도 • 190

ㅊ

치첸이트사 • 94

ㅋ

카르타고 고고 유적 • 40
카트만두 계곡 • 108
코르딜레라스 계단식 논 • 62
코판 마야 유적 • 72

콜로세움 • 66
콜롬비아 커피 농장 • 200
쿠스코 • 136
퀘벡 역사 지구 • 158
크노소스 궁전 • 30
크렘린 궁전과 붉은 광장 • 126
킨더다이크 풍차 마을 • 174

ㅌ

타지마할 • 162
테오티우아칸 • 70
통가리로 국립 공원 • 194
트로이 고고 유적 • 16

ㅍ

파구스 공장 • 202
팔미라 유적 • 58
페르세폴리스 • 44
페스 메디나 • 90
페트라 • 42
포탈라 궁 • 164
폼페이 • 64
프라하 역사 지구 • 98
프람바난 • 92
피사 두오모 광장 • 116

ㅎ

하트라 • 56
호류 사 • 82
후에 • 186
히로시마 평화 기념 공원 • 206
히메지 성 • 154

사진 자료 출처와 소장처

알타미라 벽화의 그림 복제본 ⓒ MatthiasKabel, CC-BY-SA

라스코 동굴 벽화 ⓒ Prof saxx, CC-BY-SA

비블로스 ⓒ Anton_Ivanov / Shutterstock.com

비블로스의 항구 ⓒ Giorgio Montersino, CC-BY-SA

비블로스의 전통 가옥 ⓒ Peripitus, CC-BY-SA

트로이 ⓒ PIYA PALAPUNYA / Shutterstock.com

트로이 극장 유적 ⓒ Carole Raddato, CC-BY-SA

트로이 성벽 유적 ⓒ CherryX, CC-BY-SA

함무라비 법전 ⓒ Mbzt, CC-BY

〈바벨탑〉, 대 피터르 브뤼헐, 1563, 빈 미술사 박물관 소장

델로스 섬 ⓒ Anastasios71 / Shutterstock.com

델로스 섬의 고대 조각들 ⓒ Ggia, CC-BY-SA

다마스쿠스 ⓒ Bernard Gagnon, CC-BY-SA

다마스쿠스의 도시 풍경 ⓒ Ai@ce, CC-BY

〈성 바울의 개종〉, 카라바조, 1600~1601, 산타 마리아 델 포폴로 성당 소장

우마이야 대사원 ⓒ Jerzy Strzelecki, CC-BY-SA

모헨조다로 ⓒ Grjatoi, CC-BY-SA

모헨조다로에서 발견된 제사장 조각상 ⓒ Mamoon Mengal, CC-BY-SA

〈스톤헨지〉, 조지 말로드 윌리엄 터너, 1840, 폴 게티 미술관 소장

기자 피라미드 ⓒ Ricardo Liberato, CC-BY-SA

아부심벨 신전 ⓒ Hedwig Storch, CC-BY-SA

올림피아 ⓒ Styve Reineck / Shutterstock.com

통곡의 벽 ⓒ EFBM, CC-BY-SA

석가모니가 태어난 곳을 알리는 표식 ⓒ myself, CC-BY-SA

카르타고 ⓒ Nataliya Hora / Shutterstock.com

페르세폴리스 ⓒ JPRichard / Shutterstock.com

라마수 ⓒ Jean-Christophe BENOIST, CC-BY-SA

아크로폴리스 ⓒ Nick Pavlakis / Shutterstock.com

동굴 사원의 누워 있는 불상 ⓒ Calvste / Shutterstock.com

시리아 고대 도시 ⓒ Bernard Gagnon, CC-BY-SA

병마용갱 안의 흙으로 만든 병사들 ⓒ Nee, CC-BY-SA

2008년에 세워진 알 살레 모스크 ⓒ Anton_Ivanov / Shutterstock.com

사나의 전통적인 주택 타워 하우스 ⓒ Jorn Heise, CC-BY-SA

나스카 문명을 짐작하게 하는 유물 ⓒ 브루클린 박물관 소장

지상 5미터 높이에서 촬영한 평원의 모습 ⓒ Pipimaru, CC-BY-SA

나스카 평원 ⓒ Jess kraft / Shutterstock.com

하트라 유적의 지붕과 기둥 ⓒ Omaima Ahmed, CC-BY-SA

하트라에서 발견된 헤라클레스의 조각 ⓒ World Imaging, CC-BY-SA

팔미라 ⓒ Waj / Shutterstock.com

아라비아와 로마 제국의 문화가 함께 남아 있는 팔미라 유적 ⓒ Bernard Gagnon, CC-BY-SA

팔미라 여왕의 비문 ⓒ MyOlmec, CC-BY-SA

아잔타 석굴 ⓒ Rafal Cichawa / Shutterstock.com

아잔타 석굴 내부의 불상 ⓒ Ekta Abhishek Bansal, CC-BY-SA

코르딜레라스 계단식 논 ⓒ Adi.simionov, CC-BY-SA

계단식 논에서 농사를 짓고 있는 사람들 ⓒ Shubert Ciencia, CC-BY

오늘날 헤르쿨라네움의 모습 ⓒ Lalupa, CC-BY-SA

베스파시아누스 황제의 조각상 ⓒ shakko, CC-BY-SA

티투스 개선문 ⓒ JeniFoto / Shutterstock.com

티투스 개선문의 장식 ⓒ Dnalor, CC-BY-SA

테오티우아칸에서 발견된 가면 ⓒ 월터스 미술관 소장

코판 마야 유적의 모습 ⓒ Adalberto Hernandez Vega, CC-BY

상형 문자 계단 ⓒ Peter Andersen, CC-BY-SA

독특한 모습의 모아이 ⓒ Bjarte Sorensen, CC-BY-SA

이스터 섬의 마케마케 신 조각 ⓒ GFDL, CC-BY-SA

둔황 석굴 ⓒ Valery Shanin / Shutterstock.com

둔황 석굴의 제96호 석굴 ⓒ dfrauchiger / Shutterstock.com

윈강 석굴 ⓒ Felix Andrews, CC-BY-SA

룽먼 석굴 ⓒ Gisling, CC-BY-SA

예수 탄생 교회 ⓒ Aleksandar Todorovic / Shutterstock.com

성 소피아 대성당 ⓒ Arild Vagen, CC-BY-SA

호류 사 입구 ⓒ 663highland, CC-BY

호류 사의 5층 석탑 ⓒ 663highland, CC-BY-SA

다이고지 5층 탑 cowardlion / Shutterstock.com

니조 성 ⓒ Araisyohei, CC-BY-SA

보로부두르 불교 사원 ⓒ Gunawan Kartapranata, CC-BY-SA

벽면에 새겨진 조각 ⓒ Anandajoti, CC-BY-SA
1980년경의 보로부두르 사원 ⓒ niet bekend unknown (Fotograafphotographer), Woodbury & Page (Fotostudio), CC-BY-SA
〈성 야고보의 순교〉 ⓒ 알브레히트 뒤러, 1508, 슈타델 미술관 소장
〈성 야고보〉 ⓒ 귀도 레니, 1636-1638, 보스턴 미술관 소장
메디나의 도시 풍경 ⓒ Michal Osmenda, CC-BY-SA
시바 신을 모시는 사원 ⓒ Masgatotkaca, CC-BY-SA
마야 문명의 유적 ⓒ Wolfgang Sauber, CC-BY-SA
엘 카스티요 계단의 뱀 조각 ⓒ Gonzaderamos, CC-BY-SA
고리 모양의 골대 ⓒ HJPD, CC-BY-SA
몽생미셸 ⓒ Kanuman / Shutterstock.com
미카엘의 조각상 ⓒ Wife of Semnoz, CC-BY-SA
프라하 성 ⓒ TTstudio / Shutterstock.com
프라하 도시 풍경 ⓒ Ihor Pasternak / Shutterstock.com
가장 나중에 지어진 스타브로니키타 수도원 ⓒ Thodoris Lakiotis, CC-BY-SA
아토스 산의 수도원들 ⓒ vlas2000 / Shutterstock.com
엘리자베스 2세의 대관식 ⓒ BiblioArchives / LibraryArchives, CC-BY
런던 탑 ⓒ Alex Kosev / Shutterstock.com
런던 탑 입구 ⓒ dynamosquito, CC-BY-SA
9개로 가공된 다이아몬드 ⓒ Chris 73, CC-BY-SA
스와얌부나트 사원 ⓒ Jorg Hackemann / Shutterstock.com
파탄 더르바르 광장의 풍경 ⓒ R.M. Calamar, CC-BY
파슈파티나트의 힌두 사원 ⓒ saiko3p / Shutterstock.com
창구나라얀 사원 ⓒ Greg Willis, CC-BY-SA
노트르담 대성당의 반대편 모습 ⓒ Myrabella, CC-BY-SA
이바노보 암굴 성당군 ⓒ Stoyan Chochkov, CC-BY-SA
이바노보 암굴 성당의 프레스코 그림 ⓒ Denis Barthel, CC-BY-SA
〈그라나다의 함락〉 ⓒ 프란시스코 오티스, 1882
폭격을 받은 두브로브니크의 건물 ⓒ Peter Denton, CC-BY-SA
와트 프라 시산펫 ⓒ WolfgangSladkowski, CC-SA
와트 차이왓타람 ⓒ ongmember / Shutterstock.com
와트 야이차이 몽콜 ⓒ Anan Chincho / Shutterstock.com
루앙프라방 전경 ⓒ Benh LIEU SONG, CC-BY-SA
루앙프라방의 불상 ⓒ MJ Prototype / Shutterstock.com
반디아가라 절벽 ⓒ Ferdinand Reus, CC-BY-SA
반디아가라 절벽에서 내려다본 풍경 ⓒ Timm Guenther, CC-BY-SA
절벽에 지어진 집들 ⓒ Timm, CC-BY-SA

토구나 ⓒ Taguelmoust, CC-BY-SA
현재는 에르미타슈 박물관인 겨울 궁전 ⓒ Leonard G., CC-SA
사마르칸트 ⓒ Evgeniy Agarkov / Shutterstock.com
라무 ⓒ Erik (HASH) Hersman, CC-BY
라무의 전통적인 문 장식 ⓒ Justin Clements, CC-BY
라무의 도시 풍경 ⓒ Mike Norris, CC-BY-SA
히잡을 두른 여인 ⓒ rahimadatia, CC-BY
자금성 ⓒ Songquan Deng / Shutterstock.com
다른 각도에서 바라본 태화전의 모습 ⓒ 1970s / Shutterstock.com
천안문 광장 ⓒ 1970s / Shutterstock.com
사이트굼바드 모스크 ⓒ suronin / Shutterstock.com
순다르반 습지 ⓒ Monster eagle, CC-BY-SA
랄 바그 요새 ⓒ suronin / Shutterstock.com
쿠스코 ⓒ Cacophony, edited by Fir0002, CC-BY-SA
코리칸차를 허물고 세운 산토도밍고 성당 ⓒ Hakan Svensson, CC-BY-SA
주거 지역으로 추측되는 곳 ⓒ Christophe Meneboeuf – XtoF, CC-BY-SA
고레 섬 ⓒ Vincenzo Fotoguru Iaconianni, CC-BY-SA
〈아테네 학당〉, 산치오 라파엘로, 1510-1511, 바티칸 궁전 소장
산타마리아 델레 그라치에 성당 ⓒ Fradkina Victoria / Shutterstock.com
〈최후의 만찬〉 ⓒ 레오나르도 다 빈치, 1495-1497, 산타마리아 델레 그라치에 성당 소장
〈레오나르도 다 빈치의 자화상〉 ⓒ 레오나르도 다 빈치, 1512-1515, 토리노 왕립도서관 소장
〈모나리자〉 ⓒ 레오나르도 다 빈치, 1503-1506, 루브르 박물관 소장
룩셈부르크 ⓒ Boris Stroujko / Shutterstock.com
룩셈부르크의 풍경 ⓒ Alxcrs / Shutterstock.com
벨렘 탑 ⓒ Toni Genes / Shutterstock.com
벨렘 탑의 감시탑 ⓒ Patrick Clenet, CC-BY-SA
아바나 중심가 ⓒ Hydn Blackeyt, CC-BY-SA
아바나 대극장 ⓒ Pablo Trincado, CC-BY
옛 시가지 거리 ⓒ Libby norman, CC-BY-SA
아그라 요새 ⓒ Daniel Prudek / Shutterstock.com
아그라 요새 입구 ⓒ imagedb.com / Shutterstock.com
히메지 성 ⓒ Bernard Gagnon, CC-BY-SA
대천수의 구조 모형 ⓒ Autorizaciones, CC-BY-SA
이찬 칼라 ⓒ posztos / Shutterstock.com
이찬 칼라의 성벽 ⓒ Daniel Prudek / Shutterstock.com
성벽 안의 유적 ⓒ Dudarev Mikhail / Shutterstock.com

퀘벡의 노트르담 대성당 ⓒ jiawangkun / Shutterstock.com
이맘 광장 ⓒ Matyas Rehak / Shutterstock.com
〈이맘 광장〉 ⓒ 파스칼 코스트, 1839–1841
타지마할 ⓒ saiko3p / Shutterstock.com
꽃 모양으로 꾸며진 대리석 ⓒ Aleksandar Todorovic / Shutterstock.com
샤 자한과 뭄타즈 마할의 가묘 ⓒ Donelson, CC-BY-SA
포탈라 궁 ⓒ Hung Chung Chih / Shutterstock.com
티베트 독립을 위해 기도하는 승려들 ⓒ SFTHQ (Students for a Free Tibet), CC-BY
달라이 라마의 거처였던 하얀 궁전 ⓒ onwardtibet.org, CC-BY-SA
로벤 섬 ⓒ Darrenp / Shutterstock.com
로벤 섬의 수용소 ⓒ Anton_Ivanov / Shutterstock.com
넬슨 만델라가 갇혀 있던 감옥 ⓒ Witstinkhout, CC-BY-SA
베르사유 궁전 ⓒ S-F / Shutterstock.com
파리의 풍경 ⓒ S.Borisov / Shutterstock.com
퐁 디에나 ⓒ wagner51, CC-BY-SA
그랑플라스 ⓒ S-F / Shutterstock.com
브뤼셀의 박물관 ⓒ Myrabella, CC-BY-SA
그랑플라스의 길드하우스 ⓒ INTERPIXELS / Shutterstock.com
브뤼셀의 상징이 된 오줌 누는 소년 동상 ⓒ Myrabella, CC-BY-SA
킨더다이크 풍차 마을 ⓒ Eric Gevaert / Shutterstock.com
잔세스칸스 마을의 풍경 ⓒ Kiev.Victor / Shutterstock.com
미국 독립 기념관 ⓒ Rdsmith4, CC-BY-SA
〈미국 독립 기념관〉, 페르디난 리샤르트, 1585–1863, 백악관 소장
아이언브리지 ⓒ PHB.cz (Richard Semik) / Shutterstock.com
〈콜브룩데일의 밤 풍경〉 ⓒ 필립 제임스 드 루테르부르, 1801, 런던 과학박물관 소장
세번 강의 풍경 ⓒ Chrisbayley, CC-BY-SA
아이언브리지의 철 박물관 ⓒ Helen Simonsson, CC-BY-SA
오스트레일리아 교도소 유적 ⓒ Andrew Braithwaite, CC-BY
태즈메이니아의 교도소 ⓒ CC-BY-SA
11개 교도소 중 하나인 프리맨틀 교도소 ⓒ Ghostieguide, CC-BY-SA
라 쇼드퐁 도시 풍경 ⓒ Pecold / Shutterstock.com
〈장 칼뱅〉 ⓒ 소 한스 홀바인, 1497–1543
1857년도에 그려진 라 쇼드퐁 그림 ⓒ Marzolino / Shutterstock.com
르 로클의 시계 박물관 ⓒ Pecold / Shutterstock.com
신트라 ⓒ Constantin Stanciu / Shutterstock.com

신트라 성의 풍경 ⓒ Sean Pavone / Shutterstock.com
페나 궁전의 풍경 ⓒ saiko3p / Shutterstock.com
후에 ⓒ T Anderson / Shutterstock.com
흐엉 강과 티엔무 사원 7층 석탑 ⓒ ThangCao / Shutterstock.com
카이딘 황릉 ⓒ Jakrit Jiraratwaro / Shutterstock.com
리우 카니발 ⓒ Migel / Shutterstock.com
코파카바나 해변 ⓒ Catarina Belova / Shutterstock.com
리우데자네이루의 야경 ⓒ Catarina Belova / Shutterstock.com
젬머링 철도 ⓒ fritz16 / Shutterstock.com
1967년, 오스트리아의 20실링 지폐에 그려진 칼 폰 게가 ⓒ Georgios Kollidas / Shutterstock.com
다르즐링 토이 트레인 ⓒ Mjanich, CC-BY-SA
〈민중을 이끄는 자유의 여신〉, 외젠 들라크루아, 1830, 루브르 박물관 소장
통가리로 국립 공원 ⓒ NZGMW/ Shutterstock.com
구엘 공원 ⓒ S-F / Shutterstock.com
콜롬비아 커피 농장 ⓒ Jess Kraft / Shutterstock.com
빨간색의 커피 열매 ⓒ Videowokart / Shutterstock.com
파구스 공장 ⓒ Igor Marx / Shutterstock.com
아우슈비츠 강제 수용소 ⓒ Pe3k / Shutterstock.com
아우슈비츠의 소각장 내부 ⓒ Marcin Białek, CC-BY-SA
안네 프랑크의 사진이 담긴 우표 ⓒ catwalker / Shutterstock.com
히로시마 평화 기념 공원 ⓒ Luciano Mortula / Shutterstock.com
희생자들을 위한 위령비 ⓒ cowardlion / Shutterstock.com
한국인 희생자를 위한 위령비 ⓒ Sky Wing Sky, CC-BY-SA
1966년 공사 중인 오페라 하우스 ⓒ Robeyclark, CC-BY-SA
오페라 하우스의 콘서트홀 ⓒ Koika, CC-BY-SA

* 저작권자가 누락되거나 착오가 있다면 다음 쇄를 찍을 때 수정하겠습니다.